德博诺创新思考经典系列
Edward de Bono

Sur | Petition

超越竞争

[英] 爱德华·德博诺 著

张凌 译

中国科学技术出版社
·北京·

Copyright © IP Development Corporation, 1991
This edition first published as SUR/PETITION in 2019 by Vermilion, an imprint of Ebury Publishing. Ebury Publishing is part of the Penguin Random House group of companies
北京市版权局著作权合同登记　图字：01-2023-0066

图书在版编目（CIP）数据

超越竞争 /（英）爱德华·德博诺
（Edward de Bono）著；张凌译 . — 北京：中国科学技术出版社，2023.8
书名原文：Sur | Petition
ISBN 978-7-5236-0258-4

Ⅰ. ①超… Ⅱ. ①爱… ②张… Ⅲ. ①企业管理
Ⅳ. ① F272

中国国家版本馆 CIP 数据核字（2023）第 084443 号

策划编辑	申永刚　方　理	责任编辑	孙　楠
封面设计	今亮新声	版式设计	蚂蚁设计
责任校对	吕传新	责任印制	李晓霖

出　　版	中国科学技术出版社
发　　行	中国科学技术出版社有限公司发行部
地　　址	北京市海淀区中关村南大街 16 号
邮　　编	100081
发行电话	010-62173865
传　　真	010-62173081
网　　址	http://www.cspbooks.com.cn

开　　本	787mm×1092mm　1/32
字　　数	134 千字
印　　张	8.75
版　　次	2023 年 8 月第 1 版
印　　次	2023 年 8 月第 1 次印刷
印　　刷	河北鹏润印刷有限公司
书　　号	ISBN 978-7-5236-0258-4/F·1152
定　　价	68.00 元

（凡购买本社图书，如有缺页、倒页、脱页者，本社发行部负责调换）

Dear Chinese Readers,

These books are practical guides on how to think.

My father said "you cannot dig a hole in a different place by digging the same hole deeper". We have learned to dig holes using logic and analysis. This is necessary but not sufficient. We also need to design new approaches, to develop skills in recognizing and changing how we look at the situation. Choosing where to dig the hole.

I hope these books inspire you to have many new and successful ideas.

Caspar de Bono

亲爱的中国读者们，

这套书是关于如何思考的实用指南。

我父亲曾说过："将同一个洞挖得再深，也无法挖出新洞。"我们都知道用逻辑和分析来挖洞，这很必要，但并不够。我们还需要设计新的方法，培养自己的技能，来更好地了解和改变我们看待事物的方式，即选择在哪里挖洞。

希望这套书能激发您产生许多有效的新想法。

卡斯帕·德博诺

德博诺全球总裁，爱德华·德博诺之子

荣誉推荐

德博诺用最清晰的方式描述了人们为何思考以及如何思考。

——伊瓦尔·贾埃弗（Ivar Giaever）
1973 年诺贝尔物理学奖获得者

非逻辑思考是我们的教育体制最不鼓励和认可的思考模式，我们的文化也对以非逻辑方式进行的思考持怀疑态度。而德博诺博士则非常深刻地揭示出传统体制过分依赖于逻辑思考而导致的错误。

——布莱恩·约瑟夫森（Brian Josephson）
1973 年诺贝尔物理学奖获得者

德博诺的创新思考法广受学生与教授们的欢迎，这套思考工具确实能使人更具创造力与原创力。我亲眼见证了它在诺贝尔奖得主研讨会的僵局中发挥作用。

——谢尔登·李·格拉肖（Sheldon Lee Glashow）

1979年诺贝尔物理学奖获得者

没有比参加德博诺研讨会更好的事情了。

——汤姆·彼得斯（Tom Peters）

著名管理大师

我是德博诺的崇拜者。在信息经济时代，唯有依靠自己的创意才能生存。水平思考就是一种有效的创意工具。

——约翰·斯卡利（John Sculley）

苹果电脑公司前首席执行官

德博诺博士的课程能够迅速愉快地提高人们的思考技巧。你会发现可以把这些技巧应用到各种不同的事情上。

——保罗·麦克瑞（Paul MacCready）

沃曼航空公司创始人

德博诺的工作也许是当今世界上最有意义的事情。

——乔治·盖洛普（George Gallup）

美国数学家，抽样调查方法创始人

在协调来自不同团体、背景各异的人方面，德博诺提供了快速解决问题的工具。

——IBM公司

德博诺的理论使我们将注意力集中于激发员工的创造力，可以提高服务质量，更好地理解客户的所思所想。

——英国航空公司

德博诺的思考方法适用于各种类型的思考，它能使各种想法产生碰撞并很好地协调起来。

——联邦快递公司

水平思考就是可以在5分钟内让你有所突破，特别适合解决疑难问题！

——拜耳公司

创新并不是少数人的专利。实际上，每个人的思想中都埋藏着创新的种子，平时静静地沉睡着。一旦出现了适当的工具和引导，创新的种子便会生根发芽，破土而出，开出绚烂的花。

——默沙东（MSD）公司

水平思考在拓宽思路和获得创新上有很大的作用，这些创新不仅能运用在为客户服务方面，还对公司内部管理有借鉴意义。

——固铂轮胎公司

（德博诺的课程让我们）习得如何提升思维的质量，增加思考的广度和深度，提升团队共创的质量与效率。

——德勤公司

水平思考的工具，可以随时应用在工作和生活的各个场景中，让我们更好地发散思维，收获创新，从内容中聚焦重点。

——麦当劳公司

创造性思维真的可以做到在毫不相干的事物之间建立神奇的联系。通过学习技巧和方法，我们了解了如何在工作中应用创造性思维。

——可口可乐公司

（德博诺的课程）改变了个人传统的思维模式，使思考更清晰化、有序化、高效化，使自己创意更多，意识到没有什么是不可能的，更积极地面对工作及生活。

——蓝月亮公司

（德博诺的课程）改变了我们的思维方法，创造了全新的思考方法，有助于解决生活及工作中的实际问题，提高创造力。

——阿克苏诺贝尔中国公司

（德博诺的课程让我们）学会思考，可以改变自己的思维方式。我们掌握了工具方法，知道了应用场景，有意识地使用思考序列，可以有意识地觉察。

——阿里巴巴公司

解决工作中的问题,特别是一些看上去无解的问题时,可以具体使用水平思考技能。

——强生中国公司

根据不同的创新难题,我们可以选择用多种水平思考工具组合,发散思维想出更多有创意的办法。

——微软中国公司

总序

改变未来的思考工具

面对高速发展的人工智能时代,人们难免对未来感到迷茫和无所适从。如何才能在激烈的市场竞争中脱颖而出,成为行业的佼佼者?唯有提升自己的创造力、思考能力和解决问题的底层思维能力。

而今,我们向您推荐这套卓越的思考工具——爱德华·德博诺博士领先开发的思维理论。自1967年在英国剑桥大学提出以来,它已被全球的学校、企业团队、政府机构等广泛应用,并取得了巨大的成就。

在过去的半个世纪里,德博诺博士全心全意努力改善人类的思考质量——为广大企业团队和个人创造价值。

德博诺思考工具和方法的特点,在于它的根本、实用和创新。它不仅能提高工作效率,还能帮助我们找到思维的突破点,发现问题,分析问题,创造性地解决问题,进而在不断变化的时代中掌握先发优势,超越竞争,创造更多价值。

正是由于这套思考工具的卓越表现,德博诺思维训练机构在全球范围内备受企业高管青睐,特别是在世界500强企业中广受好评。

自2003年我们在中国成立公司以来,在培训企业团队、领导者的思维能力上,我们一直秉承着德博诺博士的理念,并通过20年的磨炼,培养和认证了一批优秀的思维训练讲师和资深顾问,专门服务于中国企业。

我们提供改变未来的思考工具。让我们一起应用智慧的力量思考未来,探索未来,设计未来,创造未来和改变未来。

赵如意

德博诺(中国)创始人 & 总裁

导读

德博诺不愧是概念大师,他又定义了一个经典理念——超竞争。他说,就这么简单。如果你想在一个全球市场生存下来,那么保持竞争优势是根本法则。但是,如果你想的不仅是谋生存,更想求发展,而且是大发展,那么,你就需要超竞争,和自己赛跑,而不是和他人赛跑。你要思考的是如何创建如刀锋般锐利的核心商业能力,创造出"价值垄断",如此才能一骑绝尘,让别人望尘莫及。

我们从三个方面来看看超竞争的含义。

一、为什么管理方面的一些基本思考习惯不够充分,甚至对企业有害处?

二、传统意义上思考竞争的方法和超竞争的思考方法有什么不同?

三、"价值生产商"的含义是什么,如何去为企业创造价值?

一、动态环境下的竞争战略

超越竞争瞄准的是动态。德博诺认为,思考就是面对不确定时的应变和创新能力。以前,人们总希望追求"真理、真相、确定性",但却发现,所谓真理不过是动态环境下的阶段性标准而已。真相更多和我们的感知以及角度有关,更和价值体验有关;而确定性也是暂时的,甚至是局部的。如果固执于追求这些方面,就会陷入裹足不前的局面,在自己的认知圈里四处乱走,反而缺乏了对未来的思考和设计。所以,20世纪90年代后,德博诺提出了创造、创新未来,在复杂、混沌、非线性、不确定、动态的情况下,进行动态的竞争思考和设计,以价值创造引领行业。

不少公司其实都表现出来这个特点。有一家公司是做手机电池起家,但是创始人不断拓展新的赛道和领域并坚定地做下去,逐渐发展到为新能源汽车提供高效动力,再发展到占领上游,包括电芯还是与之有关的矿业原材料。这家企业不断超越优秀的自己,仅从2011年到2021年的十年间,就成长为具有万亿级市值的企业。动态、超越、坚定,我可以从它发展的轨迹中看到德博诺超竞争的基因。

二、超越优秀的自己

竞争（Competition）一词源自拉丁文，意思是"找别人争"；而 Sur | petition 则是超竞争，是竞争者选择自己的赛道，不是与别人在同一个赛跑中争先，而是超越别人同自己争。企业为了生存，必须有竞争力，但是如果为了竞争而竞争，例如打价格战，甚至在有些地方和场景中内卷化，反而可能在整体发展上让大家都没有了竞争力。德博诺的观点是，竞争只在作为生存这一最低要求的一部分时是必要的；光有竞争是不够的，竞争并非成功的关键，在市场中居于领先的企业都是要超越竞争的。这些理念与哈佛大学创新理论研究大师克莱顿·克里斯滕森（Clayton Christensen）的"颠覆式创新"相得益彰，后者在著作中也多次肯定了德博诺的观点。

伊隆·马斯克可谓是一个典型例子。这个在访谈中声称自己患有"阿斯伯格综合征"的人，不断超越，重新发明电动车，用火箭送人上火星，在真空管里让高铁的时速达到每小时 1500 千米。这在一个个新的赛道上极大颠覆了人们以前的认知。他经过不懈创新，把疯狂的主意驯化成具体的行动。

德博诺后来还提出"优秀，但还不够"，就是要不断超越优秀的自己！

三、成为"价值制造商"

德博诺在书中屡次提及"价值制造商"，即不断输出价值，让价值成为设计的一部分，这样才能够不断升维、不断升级，拓展出新的可能。

与传统竞争相比，超竞争不是满足于既有的优势现状，而是不断挑战记录，寻求新的突破；不是一味讲求提高效率、少投入、多产出，而是更讲究灵活性，通过决策的有效性来实现效率；不是忙于解决问题、纠偏，而是强调改变思考方法，从认知和感知的本质出发，进行改革。

具体来讲，书中给出了三个方面的建议来努力思考、设计和输出价值。

一是追求综合价值。

传统的思考和做法是企业向顾客提供竞争价值，例如比对手更物美价廉的产品。但这种价值的评价标准很大程度上取决于对手在做什么，自己是跟随战略，见招拆招。超竞争则是认识到要超越自己，甚至无视竞争对手超越自己，那么仅向客户提供竞争价值是不够的，更要提供综合价值，满足消费者更高层次的消费需求或更实用的价值。比如手机行业的头部产品，根本不是跟随消费者的品位，而是引领消费者的品位，从而打造出强大的技术粉丝的黏性生态圈。

二是强调严肃的价值设计和创造。

这本书强调必须摒弃对创造，包括价值创造的狭隘观点，即认为那是广告人员、艺术家的专利。其实，每个人都可以训练提升这样的创新思考和设计能力，因为超竞争是以创意和设计为基础的，不仅仅依赖于过去的经验、信息、数据和决策能力。这种能力可以，也应该通过改变思维方式、学习创新工具、拓宽感知范围来不断提升。有的公司现在不仅自己学习价值创造和设计，还打破公司壁垒，进行跨公司轮岗，输出横向领导者（Lateral leadership）。甚至有几家大公司组建了跨公司的创新小组，起名为寻求者（Seeker），在公司外部寻求创新和价值设计的伙伴。能够提供帮助的叫解决者（Solver）。如果想法被采纳，解决者甚至能够获得1万~9万美元不等的奖金，这大幅提升了共创和研发的效率。

三是打造"价值垄断"。

德博诺说，为了生存，你需要竞争；但为了成功，你需要超越竞争，实现价值垄断。价值垄断不是有形的垄断，后者在很多国家是违法的。价值垄断不违法，它是让个人和企业不断参照优秀，不断创新突破，始终被模仿，很难被超越，从而引领未来的需求，引导消费，形成一系列具有革命性综合价值的产品和设计，不随波逐流，自己就是潮流。

不要追赶市场领导者，而要成为市场领导者。德博诺助力你从竞争的基准线升级到超竞争的成功理念。在现代的商业环境里，我们需要的是"超竞争"，因为商业的第一个阶段是产品与服务，第二个阶段是产品的竞争和服务的竞争，但是到了第三个阶段——整合价值，才能破界、才能破解、才能破局。一家快餐公司的冰激凌里加了另一个公司的饼干碎，一个公司的软件系统嫁接到竞争对手的平台上使用，整合了价值，拓展了生路。

王琼

德博诺六顶思考帽®、水平思考™课程认证思维训练师

德博诺（中国）首席讲师

目录

引言 　　　　　　　　　　　　　　　001

第一部分

第1章　基本概念有问题？　　　　　019
第2章　近年来的商业思维风尚　　　037
第3章　自满　　　　　　　　　　　051
第4章　人类思维的四个轮子　　　　065
第5章　概念和信息　　　　　　　　084

第二部分

第6章　超竞争与竞争　　　　　　　099
第7章　词语、陷阱和危险　　　　　118
第8章　商业的三个阶段　　　　　　129
第9章　综合价值　　　　　　　　　139

第三部分

第10章	价值和价值制造	153
第11章	价值符号	178
第12章	严肃的创造力	193
第13章	概念设计	221
第14章	概念研发	235
第15章	总结	253

引言

我希望通过本书表明，竞争是一个危险而诱人的陷阱，它限制了商业思维。任何参与企业经营的人都需要超越竞争来实现超竞争（sur|petition）。

竞争是哈佛大学商学院的迈克尔·波特（Michael Porter）等大师力推的时尚概念。但任何商学院的思想都必须落后时代十年左右，才具有可信度。这是真的，因为它们的理念必须能立即被这个时代所接受，而面向未来的想法需要很长时间才能得到印证，因此不一定能提高学校的声誉。

我们都对全球市场有一定了解。为了生存，企业必须具有竞争力，必须能够与日本人、德国人和中国人竞争，如果竞争不过，就无法生存。那么竞争这个概念有什么问题呢？

这里有一个悖论：如果你寻求竞争力，你就不能真正具有竞争力。

这里的关键词是"生存"。当然,为了生存,你必须具有竞争力,这完全没错。像西尔斯(Sears)公司这样的大型零售商必须大幅削减成本,才能在与拥有先进计算机系统和高单位面积销售额的沃尔玛公司等其他零售商的竞争中生存下来。如果成本和价值控制不好,企业可能就无法生存。

但任何只为生存做准备的企业迟早会破产。只有那些为成功谋划的企业才能生存下去,而那些只想着如何生存的企业则注定失败。

因此,竞争的重要性在于它是生存基线的一部分。

想象一下我们现在身处菲律宾马尼拉郊外的一个美丽花园,这是一个空气芬芳的夏夜,为享用美酒佳肴提供了完美的环境。灌木丛中的火把熊熊燃烧,盛装的服务员头顶着第一道贝类海鲜开始上菜,接着是用大陶碗盛着的清汤。包括我自己在内的所有人都开始舀汤,这汤可真够清的。但实际上那根本不是汤,就是水,是吃完贝类海鲜后用来洗手的水。出现这样的误解也是可以理解的。

做汤必须用水,但汤里可不仅只有水。同理,有很多东西是企业生存的必要条件,但这些条件并不充分

（如成本控制），就像汤里的水一样。竞争对于企业生存来说是必要的，但还不够。许多高管犯的一个严重错误就是认为竞争是成功的关键，但事实并非如此。

竞争只是生存基线的一部分。成功需要超越竞争，达到超竞争的境界。

>>> 超竞争

欧洲汽车行业有约 25% 的过剩产能。有一次，我为福特汽车公司的英国营销部门举办了一次研讨会，这是福特汽车公司在底特律以外最大的部门。当时我们讨论的是欧洲市场上的竞争。

我建议福特汽车公司收购英国的国家停车公司（National Car Parks），该公司拥有英国市中心大部分停车场。如果它成为福特汽车公司旗下的公司，那么福特汽车公司可以在所有市中心停车场的入口处张贴通知，宣布只有福特汽车可以在此停车。

我认为，如此，汽车将不再只是一部机器。如果竞争对手吹嘘它们的汽车更好，你可以指出，你的车能在城里找到地方停车，而对方却办不到。如果必须在城市中开车，能有地方停车就是汽车"综合价值"的重要组成部分。

能转售汽车、维修和投保也是如此。比如说，有人告诉我，如果你住在纽约市的布朗克斯区（Bronx），你就很难为奔驰汽车或宝马汽车投保。汽车的工程性能有多好并不重要，如果不能为汽车投保，消费者可能就不会买车。

当然，福特汽车公司并没有采纳我的建议。他们说，作为一家汽车制造商，买停车场不符合他们的经营方向。未来，也许会有别的企业家购买或建造停车场，然后让韩国人生产自有品牌汽车，由他们来负责出售、停放、投保和转售。制造将只是这个利润中心的一项服务，制造利润将被挤压。

在美国，汽车销量下降已经有一段时间了。众所周知，经典的竞争手段是降价和提供现金回扣。竞争对手也是这么做的，完全在意料之内吧！你也许能成功地及时将销售前移，但之后买家会习惯了获取回扣，有回扣才会再买车。

让福特汽车公司买下市中心停车场的建议就是我所说的超竞争的例子。"竞争"一词来自拉丁语，意为"共同寻求""选择参加同一场比赛"。

我们可以将竞争一词的拼写改为"(com)petition",以表明所有竞争对手都在同一赛道上比赛。用超竞争"sur | petition"这个词来表示"……之上的追求",竞争对手不是选择参加同一场比赛,而是选择自己的赛道。新词"sur | petition"中的那一竖线表示"之上的"追求,就像三分之二表示二在三之上一样。

此外,超竞争关乎创造"价值垄断"。某些实现垄断的方式是非法的,但价值垄断本身并不违法。为了生存,企业需要竞争;但为了成功,企业需要展开超竞争和创造价值垄断。

图 0.1 说明了竞争和超竞争之间的区别。你无须和别人在同一赛道上争先,而可以创建自己的赛道。你所追求的不是"共同",而是在其"之上"。

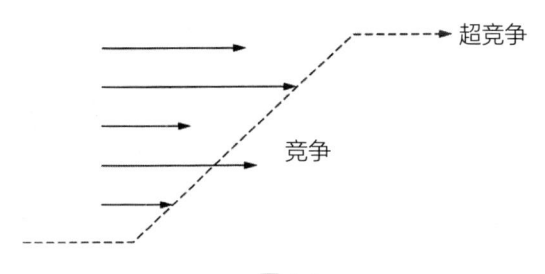

图 0.1

综合价值

如何创造价值垄断?这正是我将在本书中讨论的内容。价值垄断由概念驱动,而概念生成又是由严肃的创造力驱动的。

要理解价值垄断,必须先认识到企业发展存在三个阶段。

● 第一阶段只是提供产品或服务。这是生产驱动的阶段。

● 第二阶段基于竞争,因为很多企业在这一阶段都在提供相同的产品或服务。

● 第三阶段也就是当前基于综合价值的阶段。在这个阶段,一辆汽车的价值不再只是一个工程技术的产品。

关于综合价值的一个很好的例子来自罗恩·巴巴罗(Ron Barbaro),他曾是加拿大保诚保险公司(Prudential Insurance Company)的负责人。利用我的一些水平思考技巧,他提出了"生时受益"的想法。这在100多年来从未改变过的非常传统的人寿保险业中是一个重大变化。

根据传统人寿保险公司的做法，身故赔偿金会在投保人去世后支付给他的家人或其他受益人。巴巴罗提出的概念是如果投保人被诊断出患有可能致命的疾病（如癌症或艾滋病），那么人寿保险公司立即支付75%的赔偿金，这笔钱马上就可用来支付额外的护理或治疗费用。这个概念非常成功，也是巴巴罗很快被提升为美国保诚保险公司负责人的原因之一。

这是一个关于综合价值的很好的例子，因为它将人寿保险和人们的生命与价值融为一体。这世上的人各种各样，有的单身，有的离婚分居，有的啃老，有的长大后自力更生。对他们中的一些人来说，人寿保险的许多初衷已经荡然无存。与此同时，艾滋病等疾病的发现和医疗费用的增加又创造了新的保险用途。

巴巴罗创造了一个简单的概念转变。在人们的传统观念中，人寿保险与死亡有关。巴巴罗的概念强调的是生前，他贯彻这个概念的勇气巨大，动力十足。

概念和创造力

我在许多国家工作过，发现美国商界最不喜欢概念。

他们对概念缺乏耐心，迫切希望获得能"直接上手"的工具。美国人想直接上手工作，不想思考。

这并不奇怪。长期以来美国一直都是拓荒型社会，努力多开几亩地放牧，多打几口井，多开几家店。在这样的社会中，行动的回报确实比思考的更高。美国人干劲十足，约束不多，这些都有利于采取行动。

然而，如今的世界变得更加拥挤，不假思索就采取行动不会得到回报。另一方面，观念的改变可能会带来非常丰厚的回报。毫无疑问，开发新的概念是从现有资源中获得附加值的最佳方式，也是最划算的方式。

然而，到目前为止，我们开发概念的方式仍非常随意。有一种"我也是"的跟风做法，就是等着其他人开发概念，然后自己弄一个类似的版本。此外，我们认为自己聪明能干，在必要的时候自然能提出所需概念。这种对概念的态度在今时今日已经不够好了。

未来，我们必须严肃认真地对待概念，甚至为需要进行的智能工程设立专门的"概念研发"部门。据说美国的通用汽车公司每年的技术研发投入约为50亿美元，杜邦公司则约为12亿美元。今天，概念与技术一样重要，我们必须慎重对待概念的开发。

商学院一直在教学生如何分析信息及如何做出决策。如今只教这个完全不够。信息的分析和决策是管理维护方面的一部分，是汤里的水。现在的重点必须转移到概念性思维，不是说不重视信息分析和决策制定，而是要两者并重。信息分析能衍生出哪些概念？就其本身而言，信息分析永远不会产生隐藏在信息中的概念。有哪些备选方案可用于决策？分析只能产生一些替代方案，其余的必须通过创造性设计来生成。

遗憾的是，美国对培养创造力一直不够重视。一种错误的观念认为，基本上人人都有创造力，我们只要放开手脚、不怕出丑，就能释放出这种与生俱来的创造力。正因为如此，美国的创造方式一直疯狂而离谱。

现在，从自组织信息系统的行为（如人类感知）中我们知道了需要做什么。我们开始意识到，大脑并非天生具有创造力，为了获得创造力，我们必须使用一些"不自然"的方法，必须开始完善培养严肃的创造力的系统方法。我将在后面讨论这些方法，特别是它们与概念开发的关系。

为了专注研究严肃的创造力，我设立了一个国际创意论坛，将大公司里直接负责创造力开发和应用的人汇集一堂。论坛的创始成员包括 IBM 公司、保诚公司、杜邦公司、默克公司、雀巢公司、英国航空公司和希思罗机场控股公司（世界领先的机场管理局）。我很高兴地看到，一些大公司现在已经开始严肃认真地对待创造力的发展。

价值制造

概念关乎价值。超竞争也是如此。任何企业未来的成功都将取决于价值。

我一直觉得奇怪的是，尽管我们每天都在跟价值打交道，却没有一个特定的词来描述价值的创造和形成。如果有这样一个词会很方便，因为它可以让我们以不同的方式看待事物，并将更多的精力投入具体的价值创造上，那就是我在本书中提出的一个新词"价值制造"（valufacture）。我将其定义为"价值的创造和形成"，和与物体的创造和生产有关的"制造"一词（manufacture）相似。

收缩时代

很多商界人士都觉得我们已经进入了收缩时代。我们已经经历了两个扩张期。第一个扩张期由营销驱动，营销创造需求并开拓市场。营销是从他人手中夺取市场份额的主要竞争工具。第二个扩张期由"吞并性增长"驱动，吞并其他企业以增加市场份额。在此期间，对市场协同效应和临界生存规模进行了各种合理化（通常是那些乐得收取高额费用的投行家所做的）。

这两个扩张期已经过去。如今的企业开始注重整合。必须对收购的资产进行消化。企业高管正在向内寻找机会，开始削减成本和瘦身。公司开始裁员。CMS能源公司5年内将其员工人数从1.3万人削减至9500人。美国DEC公司希望将其12.4万名员工削减6%。许多公司都在剥离不赢利的业务。

在这个"向内看"的过程中，企业强调的是成本削减、成本控制以及质量管理。

所有这些都很重要，也很必要，但不充分。头痛时你可以服用阿司匹林，但不能光靠吃阿司匹林活下去。

图0.2表明，如果你的水平低于能力基线，你需要回到基线。但仅仅达到基线水平还不够，还必须更上一层楼。

整合、收缩、质量管理和所有其他措施的目的，都是提供坚实的风险底线，最终提供客户想要的价值。如

基线以上

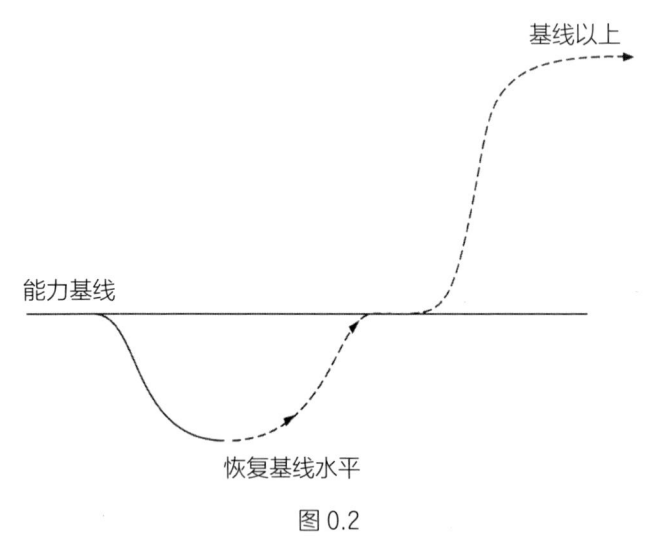

能力基线

恢复基线水平

图 0.2

果产品没有显著价值,价格再低、质量再好也是白搭。

当前被人们称为"内务管理"的关注中有一个严重的危险,即可能会转移人们对提供可销售价值这一企业本质的注意力。企业的本质可以用以下四个"C"来概括:

● 能力(Competence):该做的事情的质量、效率、有效性和成就如何。

● 控制(Control):能否掌控成本、策略和局面。

● 关爱(Care):能否关爱客户、关爱员工(员工才是最终、最宝贵的资源),以及关爱社区(如关心环境问题)。

- 创造力(Creativity):企业的灵魂。没有创造力的企业,就像没有灵魂的躯体。创造力能够带来实现任何企业存在的所有目的的价值。

▶▶ 本书结构

大多数人都还记得托马斯·彼得斯(Thomas Peters)和罗伯特·沃特曼(Robert Waterman)所著的《追求卓越》(In Search of Excellence)一书所产生的巨大影响。书中提到的美国人民捷运(People Express)等许多优秀的公司已不复存在。然而,这本书所传达的信息仍然未变,那就是人很重要。

书中提及的案例研究方法可能具有欺骗性。作者总是会选择满足其需要的案例。与案例中提到的公司实行了相同策略但没有取得成功的公司会被忽略。将任何公司的成功归因于公司策略的某个特定方面通常是完全错误的。成功取决于市场条件、经济环境、竞争对手、人员、劳资关系、消费者信心等多种因素的综合作用。

所以我认为案例研究这种方法不够诚实。更重要的是，除了一些一般性信息（尽管这些信息可能很有价值），案例教不了太多东西。直接把要传达的信息摆出来，然后读者依靠自己的智慧将这些信息与自己企业的情况联系起来更为重要。

本书大致分为三个部分。

第一部分，了解一些最基本的管理思维习惯——效率、解决问题、日常维护和避免错误，以及连这些基本的习惯都需要重新思考的原因。虽然它们在过去可能很有价值，但现在可能不够用，甚至很危险。了解最近的管理行为趋势：削减成本、撤资、质量管控、客户服务、吞并性增长等。虽然其中一些趋势非常好，但也有负面的方面。例如，质量管控没有充分考虑管控的是什么的质量和为谁保证质量。

第二部分，超竞争，即传统竞争和超竞争之间的区别，企业发展的三个阶段和"综合价值"的性质，以及对价值的概述。

第三部分，是"如何做"的实用部分。讨论价值制造、概念设计以及概念研发、严肃的创造力的本质。

新视角

在观察商业思维时，我最大的优势之一在于，虽然我在美国和加拿大工作的时间很长，但我也在世界各地待过很多时间，包括欧洲、亚洲（日本、韩国及中国）、南美洲。为清楚地了解其他地方的情况，我们有必要跳出美国的商业思维。美国有些商业习惯传统深厚，在美国国内甚至看不出什么特别，因此需要全球视野。

我们还需要去研究不同行业的动态。管理某一特定行业企业的人，无论多么成功，他们获得的经验都无法面面俱到，而我的经验涉及电子产品制造、制药、食品加工、化学品生产、航空、银行等不同行业。

根据我的经验，商业部门是社会中对"思维"本身最感兴趣的一个部门。政界甚至学术界等大多数其他领域都更关心辩论，证明一方是对的，另一方是错的。政府非常需要思考，却很少这样做。而在商业中，能否生存下去是基本的现实测试。你可以争得面红耳赤。事实上，你说得对，但你仍然可能会破产。

今天的企业在思维分析方面做得很好，但在建设性、创造性和概念性方面需要改进，未来，这些将对成功至关重要。剩下的就是日常管理了，这方面肯定要做好，再出色的概念也无法替代良好的日常管理。但只靠日常管理还不够。做汤需要水，但汤里不能只有水。

商业思维中其实只有一个严重的毛病，那就是自满自大，是一种"我们很好，我们没问题，我们什么都知道"的感觉。

》》小结

本书要介绍的新概念如下：

1. 超竞争。
2. "综合价值"与企业发展的第三阶段。
3. 价值制造和新的价值符号。
4. 概念研发。
5. "严肃的创造力"。

第一部分

超越竞争

EDWARD DE BONO

第1章
基本概念有问题？

提高效率、解决问题、分析信息和竞争等商业思维的基本概念有什么问题吗？

这些基本概念是在商业还处于比较原始状态的早期发展起来的，尽管今天仍然有效，但有必要更严格地对其加以审视，这就是我打算在本章讲的内容。

在商业发展早期，发达国家的经济基线不断上升，发展中国家的经济基线也在上升，但幅度较小。只需要跟上这个上升的基线，发展就没问题。为此必须做好两件事，即保证效率和解决问题。

高效利用资本、人力、能源和资源可以让你保持在上升的基线上。出现问题就予以解决，让自己重回基线。这个过程如图 1.1 所示。

这个过程与家庭抚养孩子的过程大同小异。孩子需要住所、看护和营养。如果孩子生病了，就找解决问题的人——医生，病愈之后会继续成长为健康的成年人。

上升的基线

下降的基线

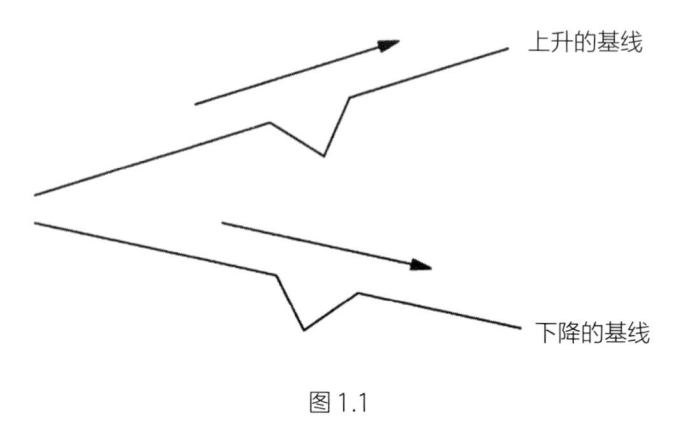

图 1.1

长大是自然发展的状态。

如今,出于各种原因,基线持平,甚至可能有所下降。全球市场上商品和服务生产过剩——至少对于那些有能力支付的人而言是这样的。尽最大的可能提高效率和解决问题可能也只是让你"高效地"保持在下降的基线上。

简而言之,提高效率和解决问题属于程序维护。如果方向正确,或者经济基线上升,那么维持现状就足够了;但如果基线没有上升,或者方向不正确,那么仅靠维持现状是不够的。

企业经常会认为,既然它们拥有强大的市场力量和主导地位,把日常管理做好就行了。然而,近年来,即使是强大的IBM公司也发现，如果在概念上落后，仅靠市场主导地位是不够的。IBM公司就曾经因在"连通性"的概念上落后而遭受了损失。当计算机的神秘感消失，消费者不再需要蓝色巨人的稳定性所带来的保证时，IBM公司也曾遭受了低价克隆产品的困扰。

你可能会觉得自己有一个安全的利基市场，维持现状就足够了。这么想可能是对的，也可能不对。

做管理只需维持现有水平的概念在过去够用，但在今天大多数情况下已经并非如此。

现在，我将逐一介绍传统管理思维的四个基本支柱：提高效率、解决问题、分析信息和竞争。

>>> 提高效率

效率是投入和产出的比。它提出的问题是：以我所投入的资源，能够获得的最佳产出是多少？想要得到这么多的产出，最少需要投入多少资源？从效率的角度考虑问题，就必须考虑投入/产出比。

提高效率意味着提高生产力，杜绝浪费，充分利用我们所付出的努力、精力和资源。这能有什么问题呢？

首先,效率关注的是投入和产出,而不是顾客。美国汽车工业为了给顾客提供价格最低的汽车而放弃了所有额外的东西。这是体现效率的一种形式。日本人将附加产品加在裸车价里,以此占领了30%的美国汽车市场。这不是效率概念所起的作用,而是另一个概念——效能的作用。

日本人的效率确实很高,"及时生产"(just in time)之类的概念就是高效的见证。但他们获得效率的方式与美国企业不同。他们是通过效能获得效率。主要区别在于效率是一个比率,而效能不是。

"及时生产"意味着明确目标后,利用所有必要的资源来高效地实现目标。如果资源不够,可以列出想要做的事情,按照这个清单逐一给每件事配足充分资源。所有可用资源用完后就不再往下进行。

考虑效率时,是把所有可用资源分摊到所有想做的事情上。

效能意味着如果你手头有五个人可以给一根灯柱上漆,那你就安排他们都去给这根灯柱上漆。效率则意味着派五个人给五个灯柱上漆,即使这样上漆的活可能干得不是很好。

因此，实现效能的第一阶段是充分实现目标——无论资源成本如何。第二阶段是流程本身的效能。如何让流程更有效？正是在这个阶段，流程不断得到改进。正因如此，制造丰田汽车所用的零件才会比制造通用汽车的少得多。零件越少，组装流程就越有效。

改进流程的最终结果在西方人看来似乎是效率的提升，但它是通过在产出和生产流程提升效能而实现的。

关注效率时考虑的主要问题是，要获得一定的产出，我最少需要投入多少。

而关注效能时考虑的主要问题是如何让流程更有效。

效能不是一个比率，它的终点是固定的，需要做的是不断改进到达终点的流程。

效率的概念还有其他问题。效率在某一时间点是可衡量的。虽然效率必须是可衡量的，但未来可能发生什么却无法衡量。所以未来被排除在效率考量之外。现在为防颠簸设计的悬挂系统无法考虑未来的路况。解决效率问题时总是以史为鉴，它寻求的是最大化现在正在做的和现在已知的事情。

当未来和现在预测的不完全一样时（通常都是这样），关注效率可能会让我们陷入困境。非常高效的企业往往非常脆弱，因为它们本来就没有任何浪费也没有任何懈怠，所以也没有任何缓冲的余地。香港很多大型建筑物周围的竹脚手架看似单薄，事实上却非常牢固，因为竹制脚手架具有柔性，而压力和拉力又并非集中在一点。

效率往往是柔韧灵活的敌人，在当今的商业世界中，灵活性日益重要。事实上，灵活性一直是亚洲四小龙[①]经济超常发展的关键。

一家企业首先必须拥有自行车制造的产能，而不是努力成为世界上效率最高的自行车生产商。如果自行车市场出现低迷，企业必须及时调整，用部分产能生产保健设备、婴儿车或任何其他有需求的东西。过去，发电站的设计者需要绞尽脑汁地预测未来煤炭、石油或天然气的成本，以便做出最合适某一种燃料的设计。如今，他们不再需要在这方面白费功夫，所有发电机都具有可利用多种燃料发电的灵活性，哪种燃料最便宜就用哪种。

很多时候，我们在努力提高效率的时候，往往忽略了灵活性的重要性。

---

① 亚洲四小龙是指自20世纪60年代末至90年代初，亚洲四个发展迅速的经济体：中国台湾、中国香港、韩国和新加坡。——编者注

≫ 解决问题

要挑出美国商界最危险的一句话并非难事,这一句话几乎就是美国基础工业衰落的原因,在摆脱了这句话之后,美国的基础工业才开始走上恢复之路。这句话便是:"只要没坏就不用修。"

这么简单且显然有道理的话却有这么大的破坏力着实出人意料。它的目的是表明企业应该把注意力集中在问题上,而不用担心其他事情,而这正是这句话的危险所在。企业把所有精力都用在解决问题上,解决之后继续按部就班。与此同时,竞争对手正在一些不成问题的地方做出改变。它们忙于改变流程本身,而不是仅修复现有流程中的问题。例如,在炼钢过程中改用连铸法就可将效率提高 30%。许多小型钢厂的工艺都是在意大利和墨西哥开创的。

图 1.2 说明了只考虑解决问题的危险所在。

英国通用电气公司的首席执行官曾经告诉我,当所有的部门都没有问题时,他就非常高兴。这样看来,这个坐拥约 24 亿美元现金储备的公司年复一年地没有做出任何把钱用于增长或发展的尝试也就不足为奇了。当然,

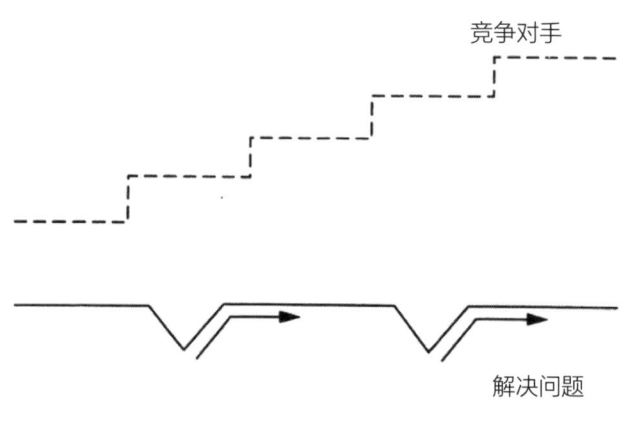

图 1.2

他们没有犯其他人犯过的错误，但公司也没有成长。首席执行官出色地将一群不成功的杂牌公司整合成一个稳固且赢利的公司，把解决问题做到了极致，但这些解决问题的技能并没有在实现建设性成长方面加以应用。

在我的研讨会上，如果我让一屋子的高管列出他们所在公司的问题，他们能毫不费力地列出五个、十个，或者我要求列多少就能列多少。问题就像头痛或鞋子里硌脚的石头，不用去找也能知道它就在那。但是，如果我让同一屋子的高管写出一些不是问题，却可能可以从创造性思维中受益的点，结果就完全不同了。大多数人甚至连找出三点都很难，写出来的也通常都非常模糊，重点不明。为什么会这样呢？

几乎所有高管都完全习惯于只关注问题，这是对他们思维能力的巨大浪费。我甚至要说，大多数进步都来自对不存在问题的事情的思考。这实际上更容易出成效，因为可能根本没有其他人考虑过这些事情，所以即使是最简单的想法也都还没有人尝试过。

我们非常需要思考三点内容。问题确实需要考虑，只要不占用所有的思考时间和精力，就可以优先去考虑问题。但不管怎样，我们需要抽出时间去思考那些不是问题的事，以做出改变或改进。最后，我们还应该抽出时间来思考进展顺利的事情。进展顺利的事情为什么要考虑呢？船开得好好的为什么要冒险捣鼓呢？根据市场条件采取匹配恰当的措施，可能会发展得很顺利，但重新考虑现有做法可能可以从有利的市场条件中获得更多好处。在任何情况下，成功都不应成为进一步思考的障碍。这和"坏了才修"的想法相去甚远。

可惜的是，美国人潜意识已经习惯于用"解决问题"一词来指代进行所有有目的思考。这个习惯非常危险，因为它会导致人们只考虑问题，而忽略了不应被称为"解决问题"的创造性和建设性思考的机会。这个例子充分说明了错误的术语能够产生不良的后果。

西方尤其痴迷解决问题,这源于西方思维文化的核心。这种思维文化是在文艺复兴时期随着古希腊思想的"再生"(主要通过阿拉伯人翻译的文献)而建立的。在教条主义当道的中世纪黑暗时代之后,古希腊思想如同一股清流,喜欢用"合乎逻辑的方式"来证明异端错误的教会和在寻求解决人类问题新思维方式的世俗人文主义者都对这种新思维求知若渴。这种新的思维方式后来通过大学、神学院、法院和修道院在西方社会成为主导,并在今天仍然主导着我们的思想,便不足为奇了。

经典的希腊思想源自古希腊三贤。苏格拉底接受的是诡辩式教育,喜欢为了辩论而辩论。柏拉图有点反民主(因为雅典民主正在与斯巴达进行一场打不赢的战争),并建立了绝对真理的概念。还有亚里士多德(柏拉图的学生,亚历山大大帝的导师),他建立了对物体和思想进行分类的原则,并由此产生了矛盾律和亚里士多德语言逻辑的基础。这种思维方式的目的是指出错误并找出问题所在,它的前提是如果我们能够消除这些错误,就可以获得真理。因此,发现并指出错误一直是西方思维的基础,我们痴迷于解决问题。

西方对于改进的认识就是指出错误、缺陷和弱点，然后着手改正。我们相信如果消除所有错误，就万事大吉了。这与日本文化形成了鲜明对比，日本文化从未受到古希腊文明的影响。他们不理解辩论的必要性，更喜欢水平思考。在做改进的时候，他们也关心消除明显的缺陷，但这只是开始，而不是结束。日本人会接着说："现在很好，让我们把它做得更好。"这也许是西方工业思维和日本工业思维之间最显著的区别，最终造就了日本人不断改进的习惯，即使没有任何缺陷也能做出改进。如今，西方正忙于用当前的"全面质量管理"方式来学习这种习惯，关于这一点我将在后面详细介绍。

在解决问题时通常都时间紧迫，必须优先于其他类型的思考。然而，我们有可能在生活中安排了许多紧迫的事情，导致没有时间去思考真正重要的事情。解决问题很有吸引力，因为结果和收益显而易见，而且有一些切实的工作可做。许多高管在危机中最有成就感，因为维持生存本身就是成就，而机会开发等其他类型的思维更具投机性和风险性。

确实有问题要解决时，我们是可以发挥一定作用的。解决问题的传统方式是分析问题，找出原因，然后消除原因。从思考的角度来看,这相当直截了当。如果你坐下时感到剧痛,并发现这是因为椅子上有个大头针,那么扔掉大头针就可以解决问题。如果你喉咙痛并确定是由链球菌引起的,那么服用能杀死细菌的抗生素就可以解决问题。但还有传统方式无法解决的一类问题。有些问题无法找到原因,有些问题原因复杂,无法全部消除。有些问题原因很明显,但无法消除(也许是因为人性本身)。当前的毒品问题就是一个典型的例子。可以很容易地找出原因,但似乎无法消除。

对于无法消除原因的问题,就需要另一种思维方式。我们需要能够"设计"出一条前进的道路。现在的重点是设计而不是分析。设计需要创造力和生成新概念的能力。传统的思维训练都没有提供这样的技巧。

>>> 分析信息

传统商业思维的第三个基础概念是收集信息,然后分析信息,并根据信息做出决策。

曾经有一段时间,高管们非常缺乏信息。因此,信息方面的任何改进都能立即提高决策质量。从某种意义上说，是信息本身做出了决定。而今天我们拥有能够为我们提供更多信息和信息处理能力的计算机。如果做决定只需要更多的信息，那么这个决定可以直接由计算机来做，而不需要人为干预。

信息与决策价值之间的关系如图1.3所示。首先，信息量的增加有利于做出更好的决策，但一段时间后，信息越来越多，影响越来越小，甚至在一段时间里，信息太多，难以从中挑出重点，可能导致混乱和信息过载。然而，正如大多数数据处理部门所证实的那样，面临艰难决策的高管一味要求提供更多信息，希望新信息能有助于他们思考。

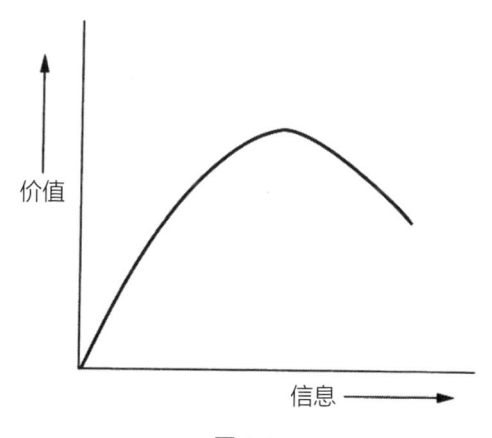

图1.3

过去，信息确实是瓶颈。行动、决策和投资都可能因缺乏信息而被搁置，或者只能赌上一把。在考虑未来发展时，信息不足仍然可能会造成障碍，但总体来说，信息不再是曾经的瓶颈，信息瓶颈已经被计算机和通信技术打通了。

有一条狭窄的桥通向一座城镇，等候上桥的车辆经常会堵在两头。一条更宽的新桥建成了，过桥不再有瓶颈，交通顺畅，直到城镇的下一个瓶颈处。信息也有同样的情况。信息曾经是瓶颈，如今这个瓶颈已经打开（图 1.4）并后撤。下一个瓶颈很简单，就是"思维"。现在我们掌握了信息，该如何利用呢？

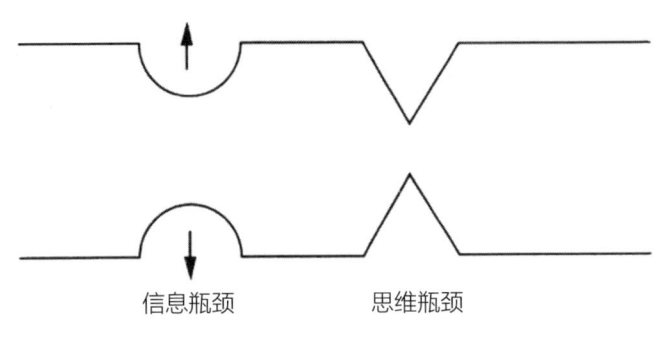

信息瓶颈　　　　　思维瓶颈

图 1.4

有信息表明你的竞争对手卖车时会提供现金回扣。你怎么办呢？你可以根据本能反应自己也开始提供回扣。

你所做的决定的质量不是由你所获得的信息的质量来决定的,而是由你的思考质量和所提出的概念的范围而决定的。

简而言之,获取和使用信息与以往一样重要,甚至可能在现在更为重要,但这还不够。在更加纷繁复杂的世界中,利用信息的方式变得更加重要。

我们曾经认为分析信息就能产生想法,今天我们知道事实并非如此,分析信息只能让我们从已有的想法中进行选择(这些想法还是有用的)。然而,为了产生新的想法,我们必须能够在收集和分析信息之前先做一些思考。我将在后面讨论信息和概念之间非常重要的关系。信息本身并不构成概念。

竞争

传统观点认为竞争对手是敌人。这样的观点可能非常局限。有一天,多家日本食品公司聚在一起,大家认为每个公司去超市送货的卡车都装不满是一种极大的浪费,最终决定共享为超市送货的货车空间。结果,送货成本节省了80%。

日本人非常擅长区分哪些领域需要竞争，哪些领域竞争会造成浪费。例如，日本汽车公司之间的竞争非常激烈，比美国汽车公司之间的竞争要激烈得多。日本的汽车公司之间会通过调整车型、价格以及他们能想到的任何其他方式相互竞争。然而在午餐时间，他们每天都会坐在汽车制造商俱乐部，一起讨论共同面对的问题。在离开俱乐部之后，他们彼此还是竞争对手。

的确，在美国，对反垄断法的担忧让企业的日子更加难过，美国工业处于严重的劣势，这不是因为反垄断联盟和价格垄断的法律本身，而是由于对法律的解释过于宽泛。

例如，基础研究是竞争对手可以合作的领域。事实上，在美国已经有两个半导体制造商联合起来进行基础研究合作。

在证券行业，数据处理能力经常过剩，这种能力也可以与竞争对手共享。后台研究也一样，这样的研究费用很高，由一个企业来承担的话其压力可能很大。

但假设你有一家古玩店，有人在附近又开了另一家古玩店，你应该为竞争而担心吗？完全没必要。古玩店开得越多，来这片地方买古玩的人就越多。同样，一家酒店成不了度假村，但几家酒店相互竞争，在基础设施建设、旅行社认知度和其他方面的发展产生了群聚效应，大家的生意都会更好。

几年前，当柯达公司涉足拍立得相机业务时，分析师们下调了宝丽来公司的目标股价。但事实上，由于柯达公司现在不得不打广告，宝丽来公司的销售额反而有所增加。

因此，将竞争对手视为敌人的观点可能并不总是正确的。关键是要决定在哪些领域双方实际上是互利关系，在哪些领域才是竞争关系。这不是简单的非输即赢的情况，而是有输赢，也有共赢。

不管怎样，你必须跟得上竞争，否则你的公司就会倒闭，这是再简单不过的道理。传统的竞争工具一直是价格、质量、产品差异化和市场细分，这一切仍然有其价值。

尽管航空业可能正在遭受重创，但家底较厚的航空公司仍然认为有必要为飞行常客提供奖励计划，希望能将实力不足的航空公司挤出市场。经典竞争方式仍然有效。

然而，危险在于我们的思维仅限于这种经典竞争观。

正如我在本书的引言中所言，基本层面的竞争是生存所必需的，成本控制和生产效率也是如此。企业不能被抛在竞争对手后面。但这还不够，还需要向前迈进，这就需要通过超竞争来实现。

杜邦公司曾研发了一种可用于制造抗污渍地毯的纤维面料Stainmaster（杜邦公司生产纤维但不生产地毯）。杜邦公司把这种新面料推给地毯厂商，但他们不是很感兴趣。杜邦公司随后发起了针对公众的广告活动。由于Stainmaster地毯充分体现了综合价值，公众需求非常大，地毯厂商不得不迎合需求生产Stainmaster地毯，同时也提升了自己的利润。3年内，Stainmaster地毯占据了地毯市场70%的份额。当时室内设计师都喜欢推荐浅色地毯，但这种地毯很容易脏。住小公寓的人没有专门的地方喂孩子吃饭，所以地毯上很可能会沾上污渍。消费者在购买地毯时不再像以往那样只看哪一种颜色更好看、更耐磨或更便宜。Stainmaster地毯的价值显然融入了买家的生活方式。这是超竞争的一个极好的例子。竞争和超竞争之间的区别将在后面的章节专门做更详细的比较。

第 2 章
近年来的商业思维风尚

商业思维的风尚由潮流、周期、经济趋势和社会价值所决定。潮流意味着其他人似乎在以同样的方式思考问题,因此这种方式成为公认的思考方式。周期来来去去,扩张之后往往会出现收缩。全球和本地的经济发展趋势也会影响思维,例如,企业在经济衰退期间考虑事情的方式往往会有所不同。最后,环境意识等社会价值也改变竞争环境。所有这些都会叠加在削减成本、重组、质量管理、人文关怀和环境问题等基础之上。

>>> 削减成本

多年来,人们一直在强调削减成本。目前这方面有以下几个驱动因素:

1. 有必要降低单位成本,以便在国内市场保持竞争力，抗衡进口产品，在出口市场更是如此。美元汇率低能有所帮助。

2. 人力成本很高。

3. 在经历了20世纪80年代的扩张后，需要整合业务。

4. 在经济衰退时期，市场增长前景不大，因此重点是通过削减成本、改善盈亏来提高赢利能力。

削减成本对管理层总是很有吸引力。总体而言，这是一项低风险的工作，与新业务的收入相比，节省的成本能更直接地转化为利润的提高。削减成本本身很有吸引力还因为这是可以全神贯注去做的事情，而且每个人都可以参与，不像战略规划，那是只有高管才干得了的事。

通用汽车公司自1987年以来已将成本降低了15%，但业绩仍落后于丰田公司。花旗集团计划在1991年裁员8000人。过度扩张的证券业曾在1990年裁员2万人，现在正打算再来一次大规模裁员。

好莱坞电影的平均成本已飙升至每部3000万美元，因此好莱坞正在寻找降低成本的方法。通用汽车公司生产的每辆汽车或卡车的成本中有622美元用于员工健康福利。一份汽车保险的价格中约有400美元是法律费用。到处都有削减成本的方法。如果生产过程中把一块钢板的厚度从10英寸降低到2英寸,人工成本将减半,能源消耗将减少约30%。

企业确实会因发展一帆风顺、随波逐流和失控而变得臃肿庞大,因此削减成本在一开始会产生巨大收益。但随着最容易减掉的脂肪被去除掉,收益会越来越少。如果主要竞争对手削减成本的速度很慢,那么削减成本的竞争优势很早就会显现出来,但一旦竞争对手开始跟上步伐,竞争优势就会逐渐消失(图2.1)。因此,周期性地削减成本,并长期对成本加以控制,短期内会有良好收效,但不能持久。这样的策略是不够的。

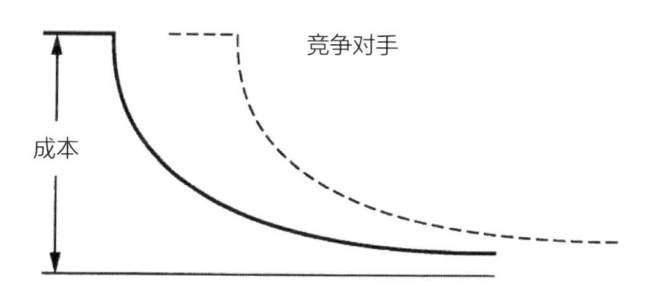

图 2.1

试图提高效率和削减成本一样。我们容易只顾眼前,削减成本可能会危及未来的发展。有些业务根本无法通过当前的判断来证明其合理性,而只能通过潜在的未来回报来证明。如果砍掉此类业务,资产负债表目前看起来会更漂亮,但没有可以推动未来发展的动力。很多项目经常因为不能立即证明钱花对了地方而被推迟。这种长期的成本控制意识很容易导致出手吝啬,例如可能会削减沟通成本和培训费用。

亨氏公司(Heinz)的托尼·奥莱利(Tony O'Reilly)就很好地说明了削减成本的危险。亨氏公司削减了金枪鱼加工厂的工人人数。结果是,很多金枪鱼肉还留在鱼骨上就被扔掉了。亨氏公司被迫增加工人数量,这再次导致成本增加,但也从鱼骨上剔下了更多的金枪鱼肉,让企业获得了更高的收入增长。道理很简单,仅靠减少人力来削减成本可能会适得其反。

苏联的国家计划委员会曾经有一个非常简单粗暴的做法,拿出任何一个企业的生产数据,在此基础上增加10%作为目标,如果目标没有达到,就得有人担责。许多企业都以类似的方式行事:先下令裁员10%,然后让下属想办法以更少的人力完成工作。更合理的做法应该是先重新调整任务,然后再看现在需要多少人。

在实践中，削减成本需要更多的创造力，超出大多数人所想象的程度。这不仅是简单的成本效益分析问题。如果它不能证明成本的合理性，就不仅是选择放弃效益的问题，还是一个以更低成本获得相同效益的方法的问题。

是时刻控制成本，还是定期削减成本？哪种做法更好呢？简单的答案是两者都好。我认为真正的答案取决于业务的性质。如果无须风险投资，那么长期严格地控制成本以防止成本漂移可能会更好。但如果业务发展确实需要冒险，那么定期削减成本可能会更好，因为长期成本控制可能会严重抑制新项目的发展。

撤销投资在传统上通常是成本削减的一部分。如果你80%的利润来自20%的业务，那为什么不停掉那80%无利可图的业务呢？许多企业正是这样做的，并且确实有效——在一定程度上。超出一定程度，可能连有增长的业务都被砍了。如果将80/20原则贯彻得足够彻底，就会发现在每个阶段总有某些业务的利润高于其他。例如，通用汽车公司可能会发现它从GMAC（其金融部门）获得的利润比制造汽车更多。那么通用汽车公司应该停止生产汽车吗？一个将80/20原则推向极端的企业最终会成为一家除了投资什么都不生产的投资公司。

>>> 重组

据说由于20世纪80年代的重组热潮，美国银行账面上的资金达到约1500亿美元。许多人发现了日本人所说的"zaitek"，即以钱生钱的方法。日本人正乐在其中，结果是日经指数未来的波动性将比过去大得多。

然而，重组游戏已基本结束。1990年并购数量减少了三分之一，投行不得不裁员。收取丰厚费用的日子似乎暂时到头了。

花钱去买市场份额要比自己去占领市场更划算。占领市场竞争激烈、代价高昂，风险巨大。只要价格没有泡沫（通常都会有些虚高），并且现金流能支付利息，收购一家企业合情合理。曾经默默无闻的广告公司WPP集团通过收购智威汤逊广告公司（J. Walter Thompson）、奥美（Ogilvy and Mather）集团等，一跃成为全球最大的广告公司。但现在收购让WPP集团深陷债务泥潭。盛世长城国际广告公司（Saatchi and Saatchi）走了相同的路线，结果相似。要成为金融奇才，你需要牛市、短时记忆力和一家友好的银行。当市场停止上涨时，你可能会遇到麻烦。

收购在技术、软件、化学品或其他领域成功创新的公司非常合理。这样买回来的只有成功，否则就得不断投资，经历数次失败才能偶尔获得成功。只要收购价格合适，这样的策略就是有意义的。

扩大规模除了凸显气概，还有一个意义是在全球市场上达到所必需的临界规模。芯片生产等领域开发成本越来越高，只有真正的大企业才能生存。保险公司一直想成为金融超市。在英国，保诚保险公司通过收购大型房地产经纪公司来获得房贷业务。现在，这部分业务已以巨额亏损出售。在这之后，保险公司已决定不再去打造金融超市，而转为专注市场利基和专门业务。

吞并性增长思维的有趣之处，在于你可以为了变大构建出一套非常合理的理由，也可以再想出一套同样合理的理由来让自己变小。股票市场就一直在这样做。一家公司因做了一笔明智的收购而股价上涨，因为打造市场的故事里充斥着临界规模、全球市场、协同作用和多元化这些大词。等这家公司足够大时，市场突然认为很显然如果将公司拆分出售将具有更高的价值。在大多数情况下，投资者想要赚钱都必须鼓励这种变身游戏，经济现实远没有那么重要。

吞并性增长似乎一直是一条捷径。在许多情况下，这种增长方式之所以失败，是因为协同作用未能形成，不同的企业文化无法融合，或付出了过高的代价。有时这种增长方式仍然合理，但它的主要危险在于它让首席执行官无暇思考如何将自身做大做强，而这才是他们应该花更多时间去思考的事情。走吞并性增长的道路要容易得多，也更具吸引力，而且往往能获得更多个人回报（无论是在个人气概还是经济方面）。

>> 质量管理

全面质量管理现在非常流行，这是学习日本改进概念的成功尝试。正如我之前指出的，西方的改进概念仅限于消除缺陷，而日本的改进概念一直是即使根本没有缺陷也要不断做出渐进式改进。质量管理似乎是一种很好的方法，能让人们对他们所做的事更有动力，更感兴趣。就像削减成本一样，人人都可以通过制订计划、展开工作讨论小组、形成质量圈或参与其他小组活动等方式参与质量管理。

诺德斯特龙公司（Nordstrom Limited Inc.）等企业在优质服务方面享有盛誉。

质量管理通常包括"客户至上"这一理念，或至少与其有所重叠。北欧航空公司（SAS）的詹·卡尔森（Jan Carlzon）因提醒航空公司员工最终付他们工资的是客户而声名大噪，而在当时早就应该认识到客户的重要性。即使在今天，这个认识也没有完全到位。许多拥有"客户至上"计划的企业尚未学会区分取悦和服务的不同。取悦是对客户友善而礼貌，这本身就值得去做，而服务是在出现问题时亡羊补牢。总体而言，航空公司在取悦方面比在服务方面做了更多的改进。

靠质量发展的方法有一个致命缺陷，那就是关注寻找这两个问题的答案：什么的质量？为了什么的质量？如果你是机械打字机的制造商，你可以尝试大大提高产品质量，但如果你的产品被电子打字机替代，公司面临倒闭，改进质量并不能救你于水火。复印设备制造商基士的耶公司（Gestetner）就曾经遇到了这样的问题。该公司认为电子产品的开发成本太高，而且始终都有高质量复印的利基市场。事实上这样的市场并不总是存在，最后他们不得不做出改变。改进质量的工作可能会让公司更深入地投入其正在做的事情。但问题在于，虽然改进质量必要而且有益，但它同时也可能会阻止改变。

通常对这个问题的回应是，改进质量不是针对正在做的事情，而是针对正在做的事情的目的。因此，你不是要制造更好的机械打字机，而是要制造更好的电子打字机。但这就足够了吗？有在处理文字材料方面做得更好的计算机和文字处理器就够了吗？这个过程无休无止，目标模糊，所以在实践中，质量往往是针对当前正在做的事情。如果有人质疑这样做是否正确，对当前质量的关注确实具有很大的意义。

但对于所有这些已经过时的产品，提高质量就能阻止它们过时的命运吗？

》 人文关怀

西方国家的高管已经意识到，人是他们最宝贵的资源。参与管理、扁平化等级制度、激励政策和发展领导力都是这种"人文意识"的一部分。

日本人的做事方式完全不同。首先，在日本工作流动性要小得多，人们对工作也更有耐心。但随着日本人染上了西方最糟糕的习惯，而西方人又学到了日本人最好的习惯，这种情况正在发生变化。日本企业的内部等级森严，非常尊重年资和权威，但实际上可以展开更多的思想交流。这是因为高级别员工饭碗无忧，不会受到有聪明想法的初级员工的威胁。他们知道自己现在能坐在这个位置上不是因为他们有最好的想法，他们在这个位置上是要倾听别人的想法。此外，日本人将工作日划分为两个泾渭分明的部分。在前一部分，他们按照指示努力工作。在一天的工作结束后，大家一起去喝酒，这就是参与管理的机会，他们可以进行非正式性的讨论和思想交流。结果是已婚男性通常深夜才回家。事实上，妻子已经习惯了丈夫不在家的状态，所以当丈夫最终退休时，妻子很容易提出离婚，因为丈夫在家麻烦又碍事。

人力资源部的员工和培训师过去在美国的企业中地位很低。突然间，他们发现自己变得更加重要了，因为现在人很重要。然而，西方企业对培训的投入远没有日本企业那么认真。每当一家日本公司要在西方国家成立分公司并招聘本地员工时，最引人注目的就是日本培训师对工人进行的紧密而严格的培训。培训过的员工可以承担起更大的责任,日本工人甚至有权暂停生产线的生产。

有一句谚语说:"骆驼是由委员会设计的马。"① 民主不是设计事物或完成任务最有效的方式。参与式管理的关键是通过激励鼓励员工参与,同时建设性地向前推进。显然,这就是领导力的用武之地。员工的参与度越高,对优秀领导力的需求就越大。

西方一般认为创造力在小组中以"头脑风暴"的方式发挥效果最好。根据我的经验,这可能是一个谬误。与团队合作相比,独立发挥创造力的个人似乎能产生更多更广的想法。原因是在团队中必须多听别人的想法,因此最终选取的方向要少得多。小组讨论的最初目的之一是给自己的思维提供外部刺激,让思维转向不同的方向。掌握了我将在后面描述的可实际运用的水平思考技巧后,这种方式便不再必要,因为独立思考的个体现在可以自己提供外部刺激。然而,在第二阶段的小组中讨论想法仍然有益,其他人可能在新想法的基础上更进一步。

通过小组讨论完成创意还有一个危险,那就是更活跃的人影响力会更大,而内敛的人往往会被忽略。由于

---

① 指太多的人参与决策过程会造成瓶颈和混乱。——译者注

一个人活跃程度和商业效能之间没有自动关联,这可能不是一件好事。

>>> 环境问题

麦当劳餐饮集团已经不再使用聚苯乙烯容器来给汉堡保温。再生纸自豪地走上市场。1995年,美国9个主要城市规定只能使用添加了汽油清洁剂的新配方汽油,而这方面的相关设备可能耗资250亿美元。2010年,修改后的《清洁空气法》(*Clean Air Act*)可能会让公用事业的支出高达1050亿美元。许多航班和工作场所都开始禁止吸烟。

所有这些对环境的担忧不仅是一种时尚。很多时候,学童先从老师那里学习到环境价值,然后再把这些价值观带回家,像传教士一样传播给父母。这些孩子长大后会比他们的父母更有环保意识。

然而,对环境的关注带来了问题、成本、机遇和大量的公共关系投入。有些成功的风投基金只投资环境合规的公司,有些制造商希望通过给产品贴上环保标签来获得更多的市场份额。

另外，环境价值为研究提供了全新的方向。化学公司开始寻求提供可生物降解的产品，开始用淀粉衍生物制作塑料袋。

价值观的任何重大转变都需要新思维。当然，有些人希望这些价值观只是昙花一现，压力能逐渐减轻。其他人则看到机遇并加入了潮流。与任何时尚一样，领先一步是最好的状态。太过前卫代价高昂，而且回报很低。落后太多意味着成本相同，但收益更少。

伴随对环境价值的关注而来的是对生活品质价值的关注。人们会关心在哪工作，工作多长时间，工作条件如何，以及能有多少时间陪伴家人等。消费者将倾向于购买更耐用的商品，买车后会用得更久。

"忙碌"和"工作"之间的区别将变得更加明显。灵活的工作时间和居家工作将把真正的工作与仅忙东忙西填补工作日时间区分开来。自动化、计算机和电信通信将让此成为可能。我认识的一位漫画家在离他的报社很远的地方工作，平时通过传真进行交流。

这些较新的价值观最初会被强加给企业，但随后会被企业接受，作为传统商业思维的一部分。

第 3 章
自满

法国人在日常购物过程中要说数字 97 时，他们都会说："quatre-vingt-dix-sept"（4 乘 20 加 10 加 7）。这样说 97 似乎非常烦琐，但他们已经习以为常。或者，也有人可能会说，他们是变得自满了。自满是你觉得现状似乎很正常，因为你已经习惯了。

如图 3.1 所示，任何企业实际上都是一台"创意机器"。在机器的一端输入资源：资本、原材料、管理、劳动力、机械、能源。创意机器根据形成的想法将这些资源塑造成产品或服务。从机器另一端出现的就是产品或服务，卖个好价钱，就能保持机器运转，回报当前的投资者，甚至还能吸引未来的投资者。

除收购外，我所讨论的所有其他管理思维习惯都与维持创意机器运转有关，只关心日常维护和提供基线。正如我之前所说的，这种思维在过去够用，但在今天可就不行了。这种思维确实必要，但不充分。我绝不会挑

图 3.1

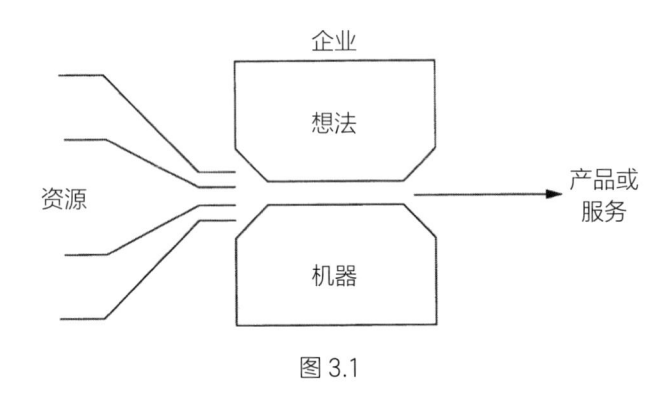

战传统思维习惯的有效性,因为每个习惯都仍然有效。我指出的是这些习惯需要注意的问题,但这些注意事项并无损质量、人文关怀、解决问题和削减成本等趋势的基本有效性,我要强烈挑战的是这些概念的充分性。满足于仅仅当前够用的思维习惯是一种危险的自满情绪。

也许"管理"这个词本身就有问题。想象有一辆马车和一队充满活力的马匹,车夫很难驾驭这些马。"管理"这个词意味着精力、想法、资源、人员和市场都已具备,所需要的只是有人来管理这些不同的事情。管理就像在路况糟糕的道路上开车,需要技能或指导,汽车发生故障时需要修理,才能继续行驶。但车或路不是你挑选的。

管理就是日常维护,它的假设是现有的核心想法是有效的。因此精力都用在了让创意机器保持运行上，而不是创意本身。

我曾经根据约瑟夫·海勒的小说《第22条军规》的表达方式创造了第24条军规，表述如下："为了在组织中升至高级职位，你应该没有或者一直隐藏升任到高级职位后所需要的那些才能。"（这与彼得原则[①]类似，即认为每个人都会升迁到他或她不能胜任的级别。前面还有第23条军规，即"某些主意可能非常好，除了要用的时候。"）在较低级别的职位上，解决问题和日常维护的技能是最重要的，也是最容易受到关注的。人们确实会因为这些能力而得到提拔，但高层领导需要概念性、创造性和战略性思维能力。解决问题的事可以交给下属。

日常管理和维护是非常必要的，其中也有承担风险的内容，这也是必要的。你销售的价值是什么？创意机器的核心理念是什么？这就是超竞争的重要之处了，因为竞争实际上是日常和基线维护的一部分。

---

① 彼得原则由管理学家劳伦斯·彼得（Laurence Peter）根据大量组织中胜任力不足的实例所提出。——译者注

曾经有一段时间非常流行制定战略规划。人们过去常常正经八百地计划公司未来的发展。当未来并不配合计划、与计划相左的时候，战略规划就失宠了。未来完全不可预测，瞬息万变，非线性系统不具稳定性，并会产生正反馈回路，这一切都会让规划变得毫无意义。最多可以做一种几乎每周都要重新评估的动态战略计划。

因此，重点从战略规划转移到另一个概念，这就是健康发展、精益发展、打造实力和快速敏捷的概念。如此，企业可以对出现的任何情况做出有效且有利可图的反应。一旦出现机会，比如德国统一或东欧市场开放，企业就可以马上行动。如果市场条件发生变化，企业可以随之改变。如果技术提供了新方向，企业可以快速推出跟风的新产品。当斯凯孚（SKF）成功推出治疗消化性溃疡的新药西咪替丁片（泰胃美）时，葛兰素史克公司（Glaxo）迅速推出了雷尼替丁，后者反而更加成功。在某些化学品研发部门，几乎 70% 的精力都花在研究如何绕过他人的专利上。

随着重点从前瞻性计划转移到企业健康发展和响应速度，重点又回到了日常管理上，因为出色的日常管理能让企业保持健康的状态。

以经济非常成功的国家德国为例。按相对价值计算，它是世界上最大的出口国之一。然而，在让德国高管把创造力和成功所需的其他要素一起进行排名时，他们给创造力的排名比其他任何发达国家都低。这样一个非常成功的工业经济体把所有的重点都放在了质量上，而很少强调创造力。随着时间的推移，缺乏对创造力的关注必将产生影响。德国在电子领域已经远远落后，并正试图通过与日本企业合资来追赶领先国家。

那么，如何解释德国经济的成功呢？这要归功于卓越的工程质量，而这又得益于世界其他地方都无法比肩的学徒计划，它为德国经济提供了高技能和积极进取的工程劳动力。

如果你生产了优质的汽车，人们就会买。日本企业现在正在努力进入汽车市场，并且在某些情况下超过了德国企业，因为日本企业既保证质量又有创新。如果你生产了高质量的机床和资本货物，人们就会想买，不管成本多高，品质都值得拥有。确实，如果成本高到一定程度，那么机器就会拉开企业差距，成功的企业可以买得起好机器，而不太成功的企业买不起，就会在竞争中被抛在后面。

所以质量确实是第一位的。美国和其他国家想将创新置于质量之上,那是行不通的。质量必须是基础,这是德国如此成功的原因。

但当大家都能保证质量时,就会凸显出创新的重要作用。

日本人非常善于创新。他们的个人创造力不太强(虽然也有很多例外,比如本田汽车公司的创始人本田宗一郎),但他们对待创造力的态度非常认真。然而,说他们善于创新是因为他们愿意尝试,并把他们几乎所有想法都投入了生产。在日本国内,企业通过不断涌现的新产品展开闪电战式的竞争。竞争对手会立即"覆盖"这些产品,万一这些产品最终成功了,自己也不会被落下。即使正在推出一个新产品,公司通常也有已经进入研发后期的下一代和下下一代产品。日本公司不相信国内的市场研究和分析,更愿意直接把产品推向市场,由市场对产品做出实际检验。它们认为人们要么会购买该产品,要么它就会在市场上销声匿迹。每年大约有1000种新研发出来的软饮被投放市场,几乎每一种都以失败告终,退出市场。我们再次看到效率(市场分析、测试等)和效能之间的区别。日本国内市场确实喜欢小玩意和新事物。同样是这些公司在国外的做法就不同了。

重要的是虽然日本人很关注公司的日常管理（他们提供了质量的灵感，以及"JIT"等），他们同时也很关注承担风险，创新创业。西方公司有时认为只需要做好日常管理就足够了。日本的品质概念源于美国人威廉·爱德华兹·戴明（William Edwards Deming），当时他在美国在很大程度上被忽视了，因为他强调的重点是市场开发。如今，风向又向另一边转过了头，对质量的痴迷让人们忽视了冒险和创新的重要性。

自满的类型

我想讨论四种自满情绪。它们之间有很多重叠之处，但仍可分开讨论。这四种自满情绪分别是安于现状、稳扎稳打、沾沾自喜和鼠目寸光。

安于现状

"……我们现在挺好的。"

"……我们还过得去。"

"……我们有自己的利基。"

"……我们能活下来。"

"……我们继续按部就班就行了。"

澳洲航空公司（QANTAS Airways），世界上历史悠久的航空公司，过去利润丰厚，长途航线的客座率超过80%。该公司的策略非常简单：提供少于市场所需的航班班次，这样就总能保证高飞机客座率。当时，澳大利亚的空中交通管制非常严格，外国航空公司的飞机不得在澳大利亚降落（除极少数例外）。如今情况不同了，澳洲航空公司安于现状的政策已经不适用了。安于现状还有其他例子。如果你经营着一家菜品价格合理的小型家庭餐厅，收入适中，有什么必要去尝试扩大经营规模呢？

如果你有一个成功的小企业，你可能不想把你的利基做大，因为这样可能招来大公司的吞并或挤压。

稳扎稳打

如果冬日户外严寒，你一般会依偎在火炉边，尽可能地让房子里的环境舒适。

同样，如果出现经济衰退，你会削减风险投资，做好准备，安度时艰。如果消费者因为没有信心、没有钱、没有贷款而不买东西,那么冒险思维就没有意义,不如专注日常管理。随着时间的推移,情况会发生变化。业务会按周期循环运行,繁荣时期终将回归。

"……是时候把公司好好整顿一下了。"
"……我们可以暂时推迟那个项目。"
"……我们没法增加销售额,所以必须削减成本。"

沾沾自喜

这是相信自己无所不知、拥有所有答案而产生的自满情绪。今天日本人正在表现出这种傲慢的态度,从长远来看,他们可能会发现这种态度很危险。药师寺太藏(Taizo Yakushiji)觉得日本确实变得骄傲自满了。他说要成为真正的领导者,日本必须准备好分享技术,正如日本的成功曾经有赖于世界其他地区与日本分享技术一样。

"……我们非常成功,所以我们的做法肯定是对的。"
"……我们没有什么可学的,都是我们教别人。"
"……我们是该领域的世界领导者。"

自信会激发能量，但自满会破坏能量。两者之间仅有一线之隔。我发现有几家美国公司对它们在创意领域所做的努力过于自满。这个领域可经不起自满。

鼠目寸光

我曾在一本书中谈过"村庄维纳斯效应"。如果你的视野仅限于你所居住的小村庄，那么最终村里最漂亮的女孩就成了维纳斯，因为你无法想象还有谁会更漂亮。如果视野有限，并且缺乏远见，就肯定会心生自满。

这是最常见的自满形式，很难改变。所以才会有这么多组织在寻找有远见的领导者。如果领导者没有远见，从长远来看组织的前景就会很差，只能过一天算一天，仅仅顾得上处理眼前的危机，但最终获得成功的希望很小。

"……我看不出还能做什么。"

"……我们和别人差不多。"

"……我们还应该做点别的什么？请说说理由。"

>> 演变

许多人认为变化应是循序渐进演变而来的。你要不断解决问题并在危机中存活下来，竞争和市场的压力会逐渐决定你该做什么。企业通常认为这种方式比人为设计的更安全，因为人为设计出来的变化经常会出现严重错误。

然而，从系统的角度来看，演变是获得变化最低效的方式。在演变过程中，每一步都取决于你现在的状况。只要面前的路不是灾难性的，我们就会沿着这条路继续前进。然而，这条路可能远远没有充分利用现有资源。

想象有人一个接一个地递给你一串硬纸板，如图3.2所示。每次你都必须以最优方式利用所得到的纸板。这意味着尽可能沿直线从A向B方向移动。很明显，按照接到纸板的顺序给纸板摆放出的"最优"位置远未充分利用纸板的特点。然而，如果我们不管得到纸板的顺序，以最优方式安放所有纸板，优化利用就成为可能。这就是按部就班逐步演变是无效方式的原因，也是在思考中绝对需要创造力的原因之一，否则我们无法摆脱经验的时间顺序所带来的束缚。

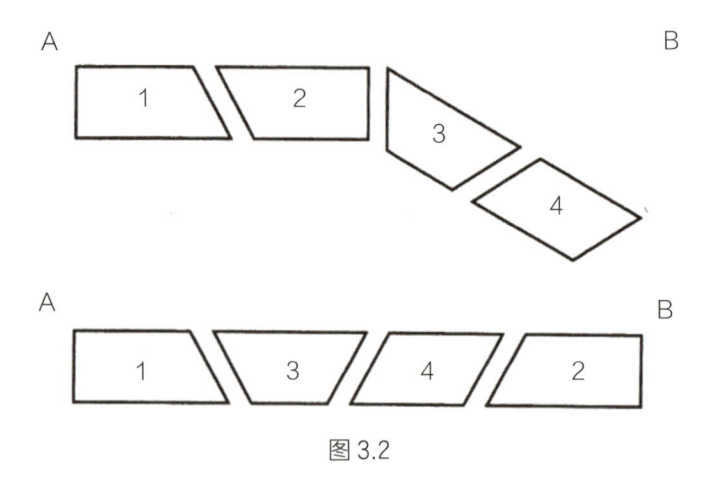

图 3.2

>> 指定负责人

全球知名的国际航空公司英国航空公司的首席执行官科林·马歇尔（Colin Marshall）爵士曾说过，他发现最终必须有一个"指定负责人"来负责变革工作，否则一事难成。这也是我研究组织内部创造力时得出的经验。创造力是一件很美妙的事情，每个人都喜欢创造力，大多数组织也都声称自己具有创造力——至少在企业广告中是这么说的，但它们大多是纸上谈兵，创新工作往往是"三个和尚没水吃"。杜邦公司意识到了这一点,并任命大卫·坦纳(David Tanner)为公司内部创造力的"流程负责人",在他的领导下,公司培养创造力的态度和技能的成就令人印象深刻。

需要指定负责人表明,自满通常不是一个有意识的选择,这种情绪就是存在。工作刚刚进入正轨,只要进展顺利,就会有满足感,无论是否合理。但没有简单的方法来判断是否出现了自满情绪,这就是自满的危险本质。

>> 未利用的潜力

自满的组织不一定会走向灾难,因为它们可能确实拥有利基市场或足够的市场力量来维持发展。但自满几乎总是意味着潜力未得到充分挖掘和利用。如果你所在的组织强大而有效,那么有很多事情可以做,精力和渠道都有了,缺的可能只是方向。然而,许多强大的组织非常厌恶风险,个人也很怕犯错,所以有巨大的潜力未被利用。

一个研究部门可能研发出了十个新产品,但企业的战略和资源可能只允许推出前四个。然而，五号产品可能是别的公司非常乐意开发的优秀产品。那前面的四个产品更适合企业发展的需求并不意味着第五个产品无法利用。在实践中，这第五个产品或后面那几号产品通常就被闲置一旁了。有时，参与产品开发的人会买断一个产品，并成立新企业。事实上，GoreTex这个品牌就是凭借杜邦公司无意开发的一个产品而起步的。

这种情况需要所谓的"杜鹃投资"，即外部投资者提供资源，在企业框架内以商定好的买断协议为基础开发产品。企业可以买断外部投资者，将开发好的产品收回企业，或者外部投资者买断大股东的股份，独立推出产品。

所以，自满有双重危险：

1. 随波逐流，逐渐走上下坡路。
2. 未充分利用潜力，错失良机。

第 4 章

人类思维的四个轮子

汽车有四个轮子,每个都很重要。如果一辆车只有三个轮子,你可以说明三个轮子不够,并指出明显需要再加一个。但这并不是说现有的三个轮子中任何一个有什么不好,只是每个轮子都必不可少,但任何一个轮子都不能单独保障汽车的正常行驶。正如读者会注意到的那样,"必要但不充分"这句话是本书中反复出现的主题。做汤需要水,但只有水还不够。

以我的经验,"必要但不充分"的信息很难传达给人们。我们更习惯于直接提出批评,说这样不对,应该用对的东西代替。这更符合我们的论证思维传统,一遇到问题,我们就开始证明一种观点是对的,而另一种是错的。

归根结底,商业思维也是人的思维。确实,在许多情况下,我们的思维只关注描述、分析和论证,并且我们错误地将这种思维提升到让人尊崇的地步。商业思维必须实用且具有建设性,要能产生实际结果。商业思维最终只有一个现实考验,即企业是否能正常运转,企业的产品是否会有市场。

>>> 流程和常规

曾经有人用 IBM 计算机计算 11 件衣服有多少种穿搭组合,不允许计算机从经验中学习。计算机进行了 45 小时不间断的计算。这并不奇怪,因为一共有 11 件衣服,可能会有 $11 \times 10 \times 9 \times 8 \cdots$ 种搭配组合,算下来共有 3900 万种。如果我们每分钟试一套组合,不睡觉也得试到 80 岁,这样的生活可够累的。

当然,人脑不是这样工作的。大脑是一个自组织系统工作,传入大脑的信息会自己形成模式和序列。

"被动"或外部组织的信息系统与自组织信息系统之间存在巨大差异。在被动系统中,信息被动地摆在表面,没有自己的活动,外部组织者或处理器利用并传递该信息,所有的传统信息系统都属于这种类型。在主动系统中,信息和表面都是主动的,信息会自己组织起来。

大脑中的神经网络就是一个自组织系统,运作方式非常简单，传入大脑的信息将自组织成序列。雨水落在地面，最终自己汇聚成溪流和河流，这和大脑的运作没有什么不同（只不过大脑可不是固定的地面）。

大脑的设计让它可以通过传入的信息对感知形成常规模式，以此来理解我们周围的世界。我们就是这样学习的，也是这样生活和生存的。大脑如此设计是为了让它完成常规任务，而不是发挥创意。我们应该感谢大脑有这样精良的设计，否则生活将一片混乱，难以维系。大脑让我们以常见的传统方式看待事物。我们需要做的是触发一个常规模式，然后就可以看到这个常规模式。大脑只能看到它想看到的东西，这就是数据分析本身不能产生新想法的原因。

企业的行为很像大脑，它会建立和使用非正式的交流和行为模式。在企业中也有经过精心设计的正式的模式、程序和常规事务。和在大脑中一样，这些模式的目的是告诉我们在任何特定情况下该做什么，这样我们就不必每次都去想该做什么。虽然这些常规程序在某种程度上具有限制性，但总体来说它们很有用。

例如，日本密集在职培训的目的是确保这些常规模式在需要时可以立即得到应用。军事演习的目的同样是为了确保各方能协同行动。

在理想情况下，企业应该具备所有可用的常规模式及决定使用哪种模式的灵活性。

在任何生产过程中都会建立系统流程。我们可以对这些流程做出调整和改进，做到更精细化，但首先得有流程。流程越严格，就越有可能使用JIT之类的方法，因为我们可以预测会发生什么。

我在《六双行动鞋》的框架中讨论过常规行为的重要性，深蓝海军鞋代表演习、惯例和固定流程。

我估计生活中90%以上的内容都受既定惯例和模式支配，我们的认知无疑100%地受这些既定惯例和模式的支配。

模式从何而来？我们需要学习一些设定好的正式流程。在学习外语时，我们会学这门语言的规则和语法。在加入一个组织时，我们会了解该组织机构的流程。

我们还会通过个人经验为自己建立模式。随着婴儿不断长大，除了学习语言等已确立的模式，婴儿还会建立个人模式。同样，在任何业务领域，高管都会建立模式，以抓住该领域的"感觉"。有时这些模式可以被有意识地表达出来，有时这些模式表现为一种直觉或本能反应，我们根本没有意识到它们的存在。

然而，在严肃的商业讨论中很难表达直觉或预感。正是由于这个原因，几年前在开发六项思考帽系统时，我专门为感受分配了一顶红色思考帽，它可以让一个人讲出自己的感受，而无须做出任何解释。

"戴上红色思考帽，我来表达一下我对我们正在做的事情的感受……"

熟悉一个领域的价值在于显性模式和隐性模式都可用且都适用，并且适用于大多数情况。然而，我们也有可能被这些熟悉的模式所困。在这种情况下一张白纸反而可以发挥创造力，脑子里没有这些既定模式的人可以以全新的方式看待事物，这也是传统上"内向型"行业（尤其是汽车行业和零售业）变化缓慢的原因。业内人士永远不会有纯粹的新鲜感，因此必须以不同的方式获得创造力，即通过本书讨论的一些水平思考的特定方法，有意识地摆脱固定模式。

信息

在路上开车时路标会告诉我们该走哪条路，地图也可以提供帮助，速度仪表会告诉我们行驶得有多快，油表能表明油箱还剩多少油，路标会告诉我们距离目的地还有多远。有的时候，广播让我们了解前方的交通状况。我们会利用所有这些信息来引导我们去往目的地，并获得行程情况的反馈。没有这些信息，我们就会一筹莫展。

信息是企业的氧气。没有氧气就没有生命。没有信息，企业就会倒闭或时日不多。难怪我们非常重视获取信息，这么做没错。计算机和电信的发展让我们能够收集、存储、分类和分发信息。如果能确切地知道要消耗多少零件以及何时需要这些零件，我们就可以实现"JIT"交付。没有掌握这样的信息，就必须储备大量的零件，以满足可能出现的需求。信息是决策的基础，我们需要知道有哪些选择，需要知道做出决定之后会有什么后果。在开车旅行时，我们需要知道可以在哪里过夜。如果知道前面有一间更好的汽车旅馆，就不必在看到第一家旅馆时就停下来。如果我们知道有家餐厅价格更优惠，就可以做出更好的就餐选择。

如果我们知道人口结构显示婴儿潮一代①将到达退休年龄，可能就会考虑进入疗养院行业。如果我们知道吃肉的人越来越少，可能就会选择供应比萨而不是汉堡。

在六项思考帽框架中，白色思考帽与信息相关。要求大家使用白色思考帽，就是要求在场的人将发言仅限于提供信息：

"是时候用白色思考帽思考这个问题了……"

在大多数情况下会先出现想法，然后我们利用所有信息来助力实现这个想法。如果我想开车去某个城镇，那么所有关于方向、路标和地图的信息都会对我有所帮助。如果我想在半路住宿过夜，就会去寻找相关信息。如果我想控制一个部门的支出或削减成本，就会去搜索信息来帮助我实现目标。如果我想了解哪些新市场正在发展，就会去查看人口统计数据。

但是反过来又如何呢？想法能源于信息吗？传统上，在科学和其他领域，我们从小就学习要分析信息以提取

---

① 指在生育高峰期出生的人。——编者注

想法。现在我们开始意识到这样做不是很有效。分析数据可以让我们发现一些关联（如吸烟与肺癌之间的关系），还可以检验我们已经想到的想法（如战争威胁会让美元升值还是贬值）。但数据分析本身并不会产生想法，想法来自大脑，只能在大脑中生根发芽。大脑只能看到它想要看到的东西。

图 4.1 显示了一组漏斗形状，代表的是具有自组织性质的人类感知在我们大脑中建立起来的模式。无论我

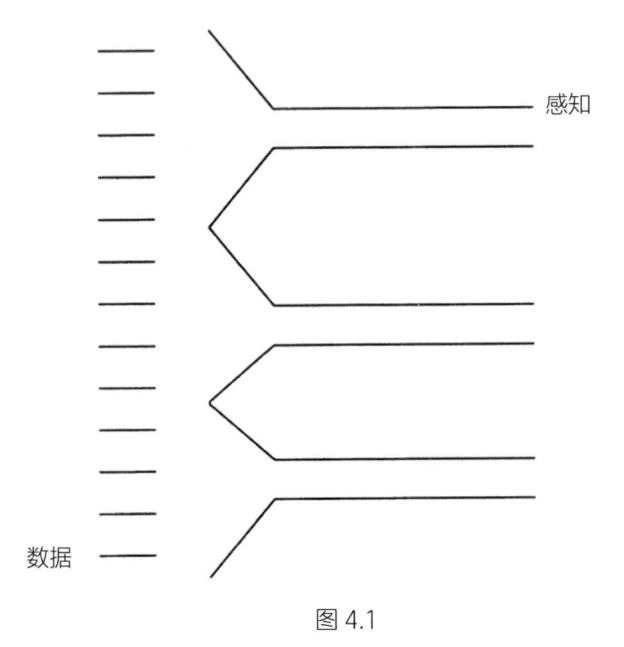

图 4.1

们看到什么，都只能通过这些模式来感知。要感知一个新想法，我们必须首先推测、想象或假设。因此现在最好的科学家都意识到科学不仅要做数据分析，还要像创作诗歌那样发挥想象力。

一些数据分析表明，从心脏病风险的角度来看，喝不含咖啡因的咖啡比喝普通咖啡风险更大一些。我们可以从字面上理解这句话，或者首先想象人们选择无咖啡因咖啡的原因。或许选择喝这种咖啡的人本来就有心脏病家族史或高血压，因此出现问题的概率高也就不足为奇了。但我们必须先想象这种可能性，然后再去分析和检验，甚至可能选择无咖啡因咖啡的人本来就更焦虑，他们更注重健康，焦虑让他们更容易患心脏病。

如果没有让我们可以利用原始信息的背景概念，原始信息就毫无用处。只关注信息而不关注概念会事倍功半。

我在上一章提到了执着于信息的缺陷，说明信息确实能改善我们的决策，但越来越多的信息的价值正在下降（图1.3）。这个时候我们需要新的概念，有了新概念，就可以再次开始从更多信息中受益。

我将在下一章更详细地讨论信息和概念之间的关系。

》分析与逻辑

分析和逻辑是有意识思维的传统工具，我们的教育几乎把所有重点都集中在如何更好地利用这些工具上。

一个孩子起了疹子去看医生。医生让孩子张开嘴，立即识别出一个典型的柯氏斑，并诊断孩子是出麻疹。

如果我们能够识别出一种情况，就可以迅速进入反应模式，但有时可能不得不停下来考虑标准反应模式在特殊情况下是否适用。例如，银行取消违约抵押贷款的赎回权可能是正常操作，但在经济衰退和房地产销售下滑的时期，这可能不是最好的做法。

如果我们无法识别一种情况，要么是因为没见过这种情况，要么是因为局面混乱，这时候我们必须对情况做出分析。我们会试图将情况分解为我们能够识别和处理的几部分。如果是化学家，就会着手分析一种物质由哪些成分构成，股票分析师会分析一个公司的各种动作，以评估它们对公司价值有什么影响。

分析是将事物简化、分解、抽丝剥茧，分析是对未知事物与已知事物进行比较，通过分析还能识别各部分之间的关系，然后再将它们重新整合。

如果出现通货膨胀，是该多存钱还是多花钱？可以分析情况之后得出结论。人们知道钱会贬值，所以会把钱换成商品，这是一种更好的价值储存手段，所以人们应该花钱，因为存钱没有意义。而事实上，在许多国家，人们在通货膨胀的时候实际上会存钱。为什么呢？因为他们认为，如果连食品这样的基本商品价格都会上涨，最好有点储蓄，以备价格进一步上涨。然后我们发现这个问题还涉及许多其他因素，包括一国的通货膨胀历史、通货膨胀预期、工资与通货膨胀的指数化程度、人民和记者的经济学知识丰富与否、家庭规模等。

复杂问题里有许多交互循环的系统，在处理这样的问题时，分析就无法发挥作用了。在这种系统中，不能简单地将组成部分先分解再重新组合，因为分解后的系统也会随之发生改变，而必须将系统作为整体来考虑。所以我们尝试使用概念模型，即对可能发生的事情做出的假设。困难在于，在具有正反馈回路的系统中，任何一个点上的参数发生微小变化都可能会使系统以完全不同的方式运行。我们只能得出人类思维根本无法应对这种复杂系统的结论。虽然对复杂系统用计算机建模确实有所帮助，我们仍然必须输入节点、连接、关系和参数信息。

最近数学界对非线性和自组织系统产生了浓厚兴趣，这是因为人们认识到世界比以前所想象的要复杂得多。长期以来，生物学家在研究中一直面对着这样的系统。例如，混沌理论探讨的其实就是基本的生物组织结构，只不过理论冗长烦琐。面对这样的系统，我们又回到了概念和推测的巨大重要性。我们必须能够想象各种可能性和关联，为什么系统会以这种方式运行？

分析将变得日益复杂。我们越来越不得不开发简化的概念模型来指导行为。这些模型的实用价值变得比它们的真实性更重要。医疗实践就是一个很好的例子。医生面对的是还有很多未知的复杂人体系统，必须根据科学假设来采取实际行动。测试为假设提供基础，并对其进行检验。治疗本身也变成了一种测试。

大家都听说过"分析瘫痪"，当无法检验的复杂交互可能性破坏了自信行动的基础时，就会发生这种情况。在这种情况下，医生的实用主义就要顶上，其表现包括采取行动、做各种尝试、准备应变方案，以及随时准备好在前进过程中改变方向。

和商业其他领域一样，在金融界的有些人看起来很成功，然后情况突然急转直下，从此默默无闻。实际情况是这些人对他们周围的世界有一个简单的概念模型。当这个模型契合市场条件时，他们就会非常成功，不契合的时候，成功便难以获得。这可能是因为这个模型只契合了某些条件，或者因为其他因素已经改变了市场，曾经准确的模型不再准确。

在某些方面，逻辑与分析相反。逻辑需要将不同的东西放在一起获得结果。如果从原则或定理出发，可能会得出结论。逻辑的原则基础是如果 A 是这样，那么 B 就会这样。传统的语言逻辑基本上是基于这样的矛盾原理，即两个相互排斥的陈述不可能同时为真。

"这是一场衰退。"
"这不是衰退。"

在经典逻辑中，这两种说法不能同时成立。然而，现实中却并非如此。

一种局面可能给人一种衰退的感觉，但并没有技术特征，这可能可以被称为心理衰退。

我们可能会说这真的像是一场衰退，但如果我们拒绝用衰退这个词，那么自我实现的预言就不会开始起作用。

我们甚至可能会说,这介乎衰退和没有衰退之间,完全取决于你的立场。

我们可能会说一国部分地区有衰退,但其他地区没有。

我们甚至可以说这介乎衰退和没有衰退之间,任选一种说法都是对的。

商业环境在很大程度上取决于环境、感知、预期和竞争行为以及反馈循环,基于经典逻辑的预测很可能会完全跑偏。

我们需要更多地转向非西方的日本风格,而不是固守只适合律师、会计师和工程师的经典语言逻辑。我们输入大量有关情况的信息,并逐渐建立起一种心理地图或找到一种感觉,然后根据情况做出决定。这就是我所说的"水逻辑",而不是传统的"石逻辑"。水逻辑是流动而变化的,是逐渐建立起来的,而不是基于在永久的、棱角分明的、一成不变的选择之间的所做的决定。

根据我的经验,传统逻辑的一大危险是快速否定。一个想法刚提出来马上就有人抢着说这行不通、做不到、成本太高。然后,他们提出一些空洞的想法,一时躲过别人的批评。

想象有两种动物。第一种是食草动物,周围食物充足。这种动物天生就对树丛中的各种噪声非常敏感，好像危险时刻存在（通常也确实如此）。第二种是食肉动物。这种动物也天生对树丛中的各种噪声非常敏感，就好像猎物会随时出现，所以它会感兴趣去探索一番，而不会转身逃跑。

有太多的高管都属于自满的食草动物，对新想法避之不及。

然而，谨慎、批评和消极情绪具有非常重要的地位，所以在六顶思考帽方法中设定了"黑色思考帽"：

"我们已经看到了这个想法的潜力，现在我们需要一些彻底的黑色思考帽思考。"

>>> 创造力

在我的一些著作中，我说过幽默是人类思维最重要的一点。这是一个简单的事实陈述，无意挑起争论。

幽默只能发生在自组织信息系统中，这些系统会先形成一种稳定的状态，然后突然重构成另一种状态。这种重构是自组织系统的特征。所以幽默的重要性在于，它比其他任何东西都更直接地表明人类思维是一个自组织系统。传统的哲学家、心理学家甚至信息论者很少关注幽默，因为他们都在关注被动或外部组织信息系统。在这样的被动系统中，不可能出现幽默，所以幽默被忽略了。然而，近年来对自组织系统的洞见让我们看到了幽默的重要性。

创造力的基础过程与幽默一样。按照人们拥有的经验时间顺序建立了某些感知模式，也就是看待事物的方式。大脑中有一些横向模式（图 4.2），但我们因受到传统逻辑思维的局限而没有加以利用。如果突然可以打开这些横向模式，那么我们要么富有幽默感，要么具有创造力。水平思考的基础是构想帮助我们启动不同模式的方法，将在后面加以介绍。"水平"（lateral）一词的意思是摆脱经典逻辑的束缚，横向切入新模式。

每一个有价值的创意想法事后看来都必须合乎逻辑，否则我们将永远无法看到它的价值，就会觉得这个创意简直就是一个疯狂的想法。如果我们不能认识到其中的逻辑，这个想法可能永远看起来都是疯狂的。考虑以下这两个想法：

横向

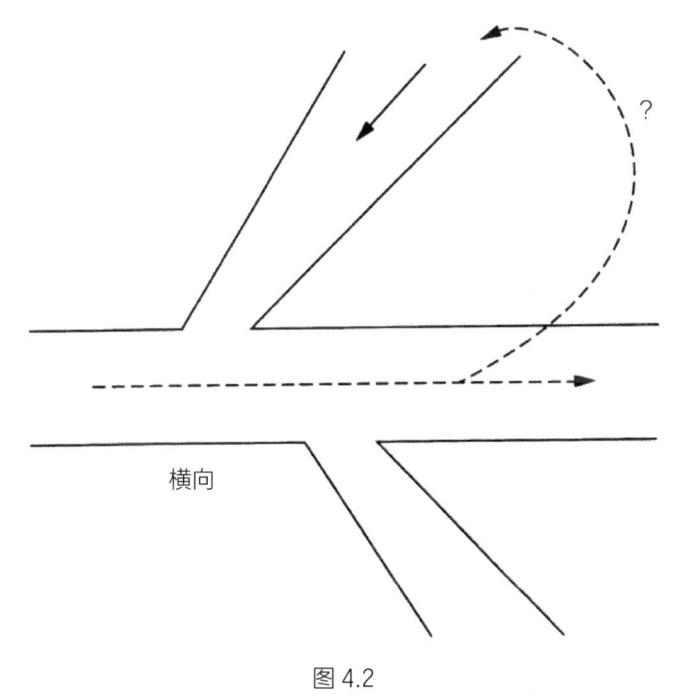

图 4.2

如果塑料片不够结实，就把它再做薄一点。

要增加销售量就要提高价格。

很难认为这些是有价值的想法，因为事后看来它们并不符合逻辑。然而，只要多加思考，两者都可以被视为合乎逻辑的建议。

因为我们假设每一个有价值的想法事后看来都一定

合乎逻辑，所以我们从未认真关注过创造力。我们假设，如果一个想法事后看来是合乎逻辑的，那么用更好的逻辑应该一开始就能想到。我们现在知道，在自组织信息系统中，这种推理是完全错误的。在任何自组织系统中，创造力都是绝对必要的。

在实践中，很少有人知道或接受创造力是合乎逻辑的必要存在。大多数人会要求别人举出创造力的例子，然后驳斥创造力的重要性，说这些例子（事后看来）只是简单的逻辑。

即使那些确实认识到创造力价值的人也认为，创造力应该仅限于产品设计、包装、促销和其他无关紧要的事情。这样的谬误非常危险。

在所有涉及感知和概念的思考中都绝对需要创造力，而思考很少不涉及感知和概念。金融、工程和科学领域与产品设计一样需要创造性思维。认为创造性思维仅限于艺术而与硬科学无关是我们教育系统的重大失败之一。

如果不能发挥创造力，我们大脑中大部分潜在的知识、经验和资产就无法得到利用。事实上，要从现有资产中获得附加值，发挥创造力是成本最低的最佳方式。

有些人虽然认识到创造力的重要性，但仍然认为创造力无法或无须培养。这些人相信想法会时不时自己冒出来，有些人碰巧天生富有创造力，其他人则不是。这种消极被动的态度已经站不住脚。我们可以做大量工作来培养每个人的创造性思维态度和方法。

六项思考帽系统中有"绿色思考帽"，专门为创造性工作腾出时间和空间，让人们可以在会议上征询新想法。

"现在是绿色思考帽时间。我们有什么新的选择吗？"

六项思考帽系统显示出巨大的实用性和便利性，已被许多大公司所采用。例如，1990年IBM公司将其作为全球4万名经理的培训核心内容。

第 5 章
概念和信息

什么是概念？概念几乎无法定义，而且也几乎不值得尝试。但我能识别概念，会寻找、设计并使用概念。

此外，概念和想法之间存在区别。想法是可以执行的具体内容。概念则更普遍、更抽象，必须通过特定的想法来体现。例如，"沿着公路旅行"是一个概念，但在实践中，必须通过步行、骑自行车或开车等特定方式来实现。

与我们一般的思维相反，朦朦胧胧、模模糊糊的概念往往更有用，因为这样的概念具有更大的潜力。太具体则覆盖面太窄，太笼统则覆盖面太宽，提供不了什么方向。至于一个概念是否既宽窄合宜又有实用性，一个有创造力的思考者会随着时间的推移逐渐找到感觉。

概念和感知几乎没有区别。我们放眼世界，看到的永远不是原始数据，我们收集到的数据已经被先前的经验组织成模式（头脑的自组织性质）。一个天生失明的人突然获得视力时还不会放眼看世界，这个人必须先学习如何看，如何建立可用的模式。我们把这种根据原始数据组织成模式、序列或组的过程叫作感知。图4.1显示的是我们如何将某些事物组合在一起以获得感知。

因此，感知是我们观察世界时对事物进行的分组分类。概念是我们向内审视的时候，根据已有经验所得出的分组分类。

将事物分组分类得到感知时，我们通常会给类别或组别加上名字：一朵花、一座山、一家餐厅。

当我们将事物分组分类形成概念时，会指向一个目的或好处，如销售税、交通管制、餐厅特许经营。

餐厅既是描述也是概念。餐厅向人们出售食物，也是就餐的地方，目的和好处显而易见。

1965年，两兄弟和他们的姐姐在意大利共同创立了贝纳通公司（Benetton Corporation）。哥哥曾经是个小会计，姐姐是服装厂的裁缝。如今，贝纳通公司的市值约为20亿美元。服装行业企业多，竞争激烈。他们是怎么成功的呢？有些概念发挥了作用。

首先贝纳通公司卖的是颜色，而不是设计。它的服装颜色易于展示，不像设计那么依赖时尚。颜色可以随时改变。

所以它们大部分的成衣都没有颜色,染过色的衣服才会摆在商店里。如果红色看起来很畅销,那么衣服就染成红色。如果绿色热卖,那么就染成绿色。

服装行业的模式通常遵循两条路线。要么坚持销售一直在卖的经典款,要么认为人们会想要某种服装,就去说服他们购买这种当季流行的衣服。

贝纳通公司的概念既被动又灵活。这种即时的被动反应在邮购业务中很常见,但在服装行业却是新现象。众所周知,现在灵活性在任何地方都是主要商业趋势之一。

另一个概念是区分针织套衫、毛衣、套头衫、开襟羊毛衫和其他中高档、高利润品类。这样的衣物最好是带颜色的,也是非常传统的衣物,没有太多创新。后来,贝纳通公司拓宽了产品的范围。

此外,贝纳通公司开设了自己的门店,布局和设计都非常简单,而不必在大商场吸引消费者(谁知道他们去商场会买什么)。如今,贝纳通公司在全球约有 6000 家门店,可以直接接待顾客,并获得即时反馈。

最后,贝纳通公司的自动化和计算机控制水平很高。例如,一个每天处理大约 50 万件货品的仓库只需要 6 名工人。所有这些概念加在一起让贝纳通公司在一个竞争非常激烈的行业中取得了成功。

另一个成功的零售概念是英国化妆品公司 Body Shop。随着健康和环保意识的兴起，公司开始专注研发天然产品。将身体护理产品从药店环境中分离出来的做法也产生了积极的作用。最后，公司通过利用设计、色彩和声音等很多技巧贯彻了健康和环保概念。这是"综合价值"一个很好的例子，稍后我还会继续讨论。任何成功的概念都由两部分组成：概念本身及其实施。

荷兰皇家航空公司曾面临本国人口少的问题。与其他飞越大西洋的航空公司（美国、英国、德国、法国等）相比，它本国的人口非常少。因此，荷兰皇家航空公司成功开发了"支线"航班。通过运营飞往德国和英国较小城市的航线，荷兰皇家航空公司从其他国家航空公司那里吸引了不少它们各自国家的乘客。乘坐荷兰皇家航空公司的飞机飞越大西洋的德国人曾经一度比乘坐德国汉莎航空公司飞机的德国人还多。

袁子春和丹尼尔·S.郭（Daniel S. Kwoh）发明了预约录影系统 VCR Plus，提供了便利价值（最重要的驱动价值之一）。用户不必学习操作不同且复杂的系统，只需输入代码，VCR就会在预定的时间开始录制视频。骏升发展有限公司生成代码并将其出售给报纸。未来，当录像机直接采用该技术时，编码系统就将带来收入。

莱特兄弟首次试飞动力飞机即获得成功，原因是他们改变了基本概念。一开始他们并没有使用任何高科技。当时所有从事飞行器工作的人都知道弯曲的机翼可以提供升力，而且他们都可以使用可驱动螺旋桨的汽油发动机。但大多数设计师都在寻求设计一架稳定的飞机。他们曾尝试过手动发射的模型，这些模型需要在空中飞行时保持平衡，因此"稳定性"成为设计目标，设计师们不断在这个方向上加大努力。莱特兄弟的贡献在于改变了这个努力方向，他们对"不稳定"的飞行器产生了兴趣。飞行过程中一侧机翼会出现下沉，如果不能把这侧机翼拉起来，飞机就会坠毁。所以他们现在将注意力和实验集中在如何提升下沉的机翼上。他们发现翘曲机翼可以增加一侧的升力并减少另一侧的升力。他们开发了控制装置，成为成功飞行实验的第一人。很久以后，人们研发出了具有固有稳定性的飞机。今天，战斗机的设计加入了静不稳定概念，否则操控起来速度太慢。

古埃及、古希腊和古罗马这三个伟大的文明古国都无法有效地度量时间。他们有水钟、沙漏和其他技术仪器，却没有时间的概念。他们试过将白天均分成12个时辰，将夜晚也均分成12个时辰。但地中海地区全年白天和夜晚长度各不相同（6月21日白天最长，12月21日夜晚最长），要想分成相等数量的时辰可并不容易。直到13世纪，阿拉伯数学家阿布·阿赫瓦兹（Abu L'Hassan）才提出把一天中太阳升到最高到次日太阳升到最高的时候（正午）之间算作一天，然后将一天分为24小时。直到1863年，日本人才意识到这一新概念的价值。

概念非常重要，但很难生成。当然，几乎所有成功的概念事后看来似乎都很简单明了。

在我的研讨会上，我经常在投影仪的表面上放一个沉重的钢球，然后让听众想一想，可以用什么办法在投影仪上设置一个实用的障碍物，阻止钢球向前滚动。条件是不允许用手阻挡钢球，并且障碍物必须是会议室内现成能用的。广义上说，在讨论中通常会出现三种建议：

1. 重的概念：障碍物要足够重，以吸收球的动能，例如书、公文包或鞋子。

2. 固定的概念：用胶带将障碍物固定在投影仪表面，

以阻止球的运动。障碍物不必很重。

3. 阻力的概念：可以用一些有黏性的东西或双面胶来增加阻力，让球停止滚动。

然后我展示了另一个概念，用到的是一张折叠过的纸，如图5.1所示。这个障碍物很轻，一口气就能吹走，但它却能阻止球的滚动。如图所示，球滚到纸上，自己就创造了一个障碍物。这个障碍物不一定比听众之前建议的更好，因为要判断孰优孰劣，必须知道确切的规格和需求。但这是一个不同的概念，能让球自行停止。

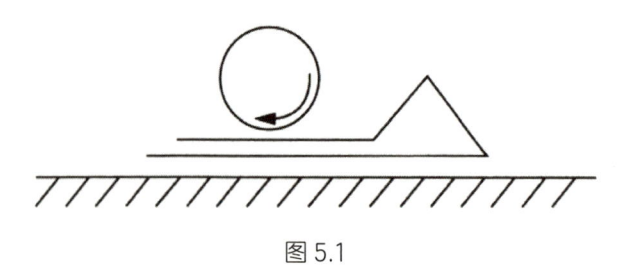

图 5.1

>>> 形成概念

后面我将更具体地讨论概念的生成和设计，这里要做的是探索信息和概念之间的关系。

想象有一些小球随机掉落在一盘沙子上，如图5.2所示，球落在沙子上后不会再滚动。再想象一下盘子里不是沙子，而是如图5.3所示的一个脊状结构。无论起始位置在哪里，球落下来之后总会排成平行的列。这与感知完全一样，我们只能在已经形成的模式中接收信息。

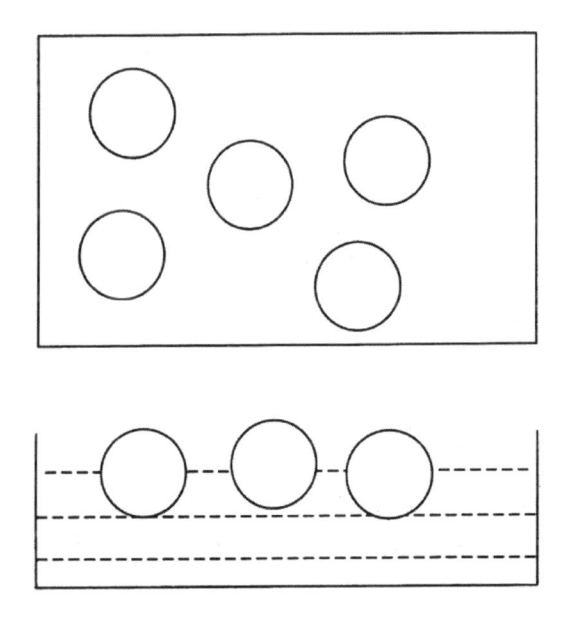

图 5.2

所以对信息的分析不太可能形成概念。实际上，这并不完全正确，因为如果你在一篇文章中读到苏联非常缺眼镜，然后在其他地方读到现在对伏特加的需求很大，你可能会产生向苏联出售眼镜,以伏特加作为付款方式的想法。因此,分析信息确实能让我们形成简单的概念,或从我们已有的概念中进行选择,但不太可能会形成新的概念,除非我们已经在脑海中通过想象或推测有了概念的雏形。

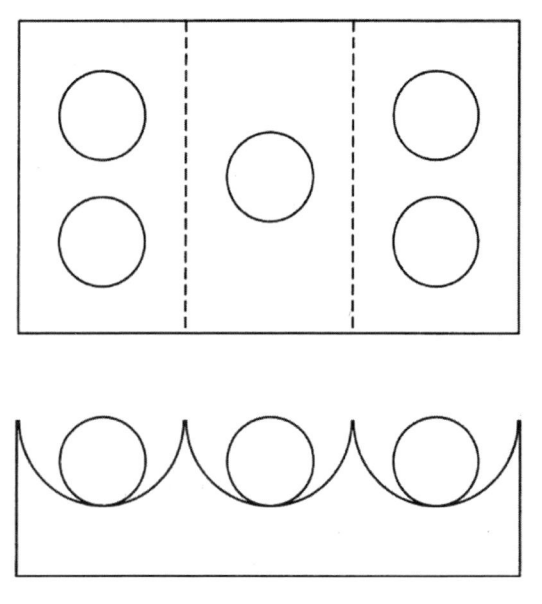

图 5.3

所以在教育中加强对创造性和概念性思维的重视十分重要,仅依赖信息分析是不够的。

一个概念可能始于一个简单的愿望。有一次,我给

"好意慈善组织"（Goodwill Industries）的高管举办了一次研讨会，该组织以低价出售所接收的衣物等捐赠品。在我看来，如果有更多的东西可卖或有更多的选择，他们会做得更好。如何说服人们多捐多赠呢？

然后我就提到了我所说的"激发"的做法。如果人们不愿意多捐，为什么不直接去拿呢？这听起来近似入室抢劫，但通过这个问题产生了"清理服务"的概念。许多人积累了很多用不着的东西，从来没清理过。就算想清理掉一些东西也不知该如何处置。我建议好意慈善组织用红色的贴纸标出它想留下的东西，然后请清理服务人员处理掉其他东西，这样既为客户提供了服务，也为自己提供了物资来源。激发的做法是创造性思维过程的一部分，我将在后面的章节中继续讨论。

修改或改进现有概念以及重新启用旧概念是形成新概念的另一种方式。1991年，仓储量贩式超市的销售额预计将增长28%，达到280亿美元。顾客每年支付25美元的会员费，主要是为了让他们在心理上有归属感，再就是提供量贩折扣，这也意味着超市必须大批量进货，才能给出最优惠的价格。量贩式超市并不是新概念，但它符合经济衰退时的顾客心理。新加的内容可能是会员制的想法。顾客想从会员身份中获得价值，所以开始从量贩式超市买东西，而习惯一旦养成就会继续下去。

康懋达商用机器公司（Commodore Business Machines）是旧概念复兴的一个很好的例子。与许多其他同类公司一样，康懋达商用机器公司发现电子设备维修费用很高。因此，它将服务外包给了联邦快递的一个叫作商业物流服务的新部门，该部门负责回收问题设备和运送替换设备，在集中维修点开展维修服务。快递服务在当时是一个强大的概念（现在仍然如此），但传真机的出现让快递服务增速放缓。因此，需要如商业物流服务这样新的"旧"概念。随着时间的推移，人工维修服务将变得过时，该服务将通过电话诊断和更换模块化插件来实现。

查看零售数据，我们可能会发现60岁以上的人花钱不多。这意味着什么？应该避免在人口老龄化地区开设零售商店？老年人没有钱？老年人不愿意花钱？或者是目前他们没有什么可以花钱的地方？也许是缺乏为老年人设计的有吸引力的商品。也许老年人有钱，但不确定他们未来有多大医疗需求，所以不同类型的保险产品可能会有市场机会。反向抵押贷款也可能有发展机会，可以释放住宅的资本价值，让老人在生前享用。所以我们看到，一条简单的信息可以产生许多概念。但这些概念来自我们自己的头脑。

儿童读物经常会有一个简单的连线题，图上有几个渔民和数条一团乱麻的渔线。其中一条线上的鱼钩钩住了一条鱼。孩子需要找出是哪个渔夫钓到了鱼。如果从渔夫开始找，任务就相当艰巨，因为你无法快速分辨是哪条线通向鱼。如果从鱼开始，那么只需要沿着这条线回到渔夫那里就可以了，还有什么比这更容易的呢？

概念也是一样的。事后看来概念显而易见，合乎逻辑且与现有信息高度相关，让我们以为通过分析信息就可以轻松获得这些概念。

>>> 概念和语境

红色有什么意义？

交通信号灯上的红灯意味着停。

政治中红色意味着共产主义。

作为纯粹的颜色，红色是三原色之一。

在葡萄酒行业，红色是单宁的颜色。

这一切都取决于语境。

数据只有放入语境查看才成为信息。语境可以是一组情况或者一个概念。

在美国超市，据说80%的购买行为都是一时冲动的结果。在考虑有哪些方法可以增加这种冲动购买行为时，可以查看交通流量、视线高度、人们驻足的位置、顾客是否可以径直走到他们想要的货架及各种其他因素。在一种情况下不重要的事情在另一种情况下可能很重要。

有时，数据中的异常或暂时性现象会引起疑惑，甚至引发概念。然后我们必须通过这个概念来研究数据。

我不断重复的一个要点是，概念性工作需要在我们的头脑中进行，而不是等待信息为我们提供概念，因为信息提供不了概念。

第二部分

EDWARD DE BONO

第 6 章
超竞争与竞争

竞争是为了继续生存。

超竞争为了获得成功。

竞争是自由市场经济的关键环节。它可以防止垄断定价，确保消费者获得最优惠的价格，确保企业尽一切努力提高效率，保证质量，否则就有可能被价格更优或质量更好的企业赶出市场。

竞争的目的是通过降低价格和提高质量来让消费者受益，还可通过确保高效利用资源和鼓励企业提高效率，不断进步来让整个经济受益。有更好的想法、价格或质量的后来者可以进入市场并与已有企业竞争。因此，竞争有很多好处。

但竞争是为了让整个经济和消费者受益，企业只能享受到竞争的部分好处。诚然，企业会受到驱使，不断提高生产力和效率，但这样做的好处并没有体现在更高的利润上，而只是保证企业更有可能生存下去。如果两个人在拔河，双方都同时用了很大力气并不意味着绳子就会移动。企业可能会为竞争付出很多努力，但最终结果可能只是每个企业现有的市场份额不变。然而，竞争确实会使效率高的企业挤掉效率较低的企业，从而获得更多的市场份额。销量可能会上升，但边际和利润率可能不会变化。

简而言之，竞争给企业带来压力，有竞争力才能生存。劳动力成本和环保问题会对企业构成压力，竞争也是如此。

竞争对于维持现状和确保生存基线是必要的。

而超竞争事关如何从基线向上发展。在许多国家，实体垄断是非法的，但价值垄断却不是。价值垄断对企业有利，也可以保障消费者利益。事实上，大多数发达国家的关注点已经从生存经济学转向价值经济学。价值经济学意味着消费者可以选择对他们而言最重要的价值。生存不需要录像带。你挑了一盘录像带是因为它具有你想要的价值。你可以选择花1000美元买一只劳力士手表，因为它具有你看重的价值。从生存的角度来看，天美时的计时功能与劳力士同样出色。

在今天的价值经济学中，超竞争和价值垄断非常符合一般经济利益。如果没有价值垄断，就只剩下商品经济学。没地方花钱，也就没有了赚钱的意义。这正是苏联经济出问题的原因。除了低价商品，人们有钱没处花。价值经济学关注的是创造让人随心所欲花钱的机会。

因此，价值经济学、超竞争和价值垄断对经济、消费者和生产企业都有好处。这与主要有利于经济和消费者的竞争形成鲜明对比。经典竞争当然仍然需要，否则价值经济学的好处将很快消失。但是一旦经典竞争已经存在，就无法再满足需要了。为了让价值经济学发挥作用，我们还需要超竞争。

有一次我在日本的时候，与索尼公司真正的创始人井深大进行了一次长谈（盛田昭夫后来才加入合作）。井深大在第二次世界大战后就立即开始生产录音机。索尼随身听起源的真实故事很难确定，因为后来出现了很多版本，但我认为并不复杂。当时可能有人提议录音机应该做得更小一些，也许像一本书大小就可以。不过我不太相信当时有任何关于随身听的概念。日本人原本就喜欢把东西做得小一点，因为他们生活在一个拥挤的国家，住的通常是狭小的公寓，所有东西尺寸都要小。此外，日本人对精致小巧的东西的喜爱也体现在日本料理中。所以和今天所有的日本产品一样，日本人在生产录音机的时候也同样倾向于缩小尺寸。

突然间,小型录音机变成可以随身携带的物品了。然而,这在日本并不是一个明显的价值。录音机为什么要随身携带?但便携式录音机随后迅速融入了美国强大的"综合价值"。

那时,每周看30小时电视长大的一代美国人需要不断获得刺激。内部刺激(例如思考)的习惯一直没有养成。没有外部刺激,大脑就很不活跃。因此,便携式录音机提供了随处提供刺激的理想方式。

就这样,索尼随身听的巨大成功应运而生。甚至随身听这个名字本身就特别成功,不过如果仔细想想,随身听没有体现出任何音乐或功能特色。索尼公司真正的贡献不在于设计了随身听,我认为这完全是无心插柳的结果。它的贡献在于认识到随身听的潜在成功,然后不断推进。此外,索尼公司并没有坐享成功吃老本,而是开始生产一个又一个新机型成为该领域的领导者,每年随身听贡献的营业额约为1.5亿美元。市场上提供相似产品的企业有一百多个,但索尼公司仍然是行业翘楚。

索尼公司成功的方式值得学习。许多西方公司取得了随身听这样的初步成功后不知道如何更上一层楼（发明了 VCR 的飞利浦最终并未获得巨大成功）。西方公司获得成功会感到高兴，决意在竞争对手破坏价值垄断之前获得最大利益。这正是许多公司对创新感到失望的原因。它们声称在开发产品和打开市场方面做出了巨大投入，但跟风而来的其他公司掺和进来，坐享其成。成功之后便放松下来，确实会发生这种情况。但索尼随身听成功之后，索尼公司没有安于现状，而是在第一代产品仍在赢利的情况下，很快就推出了第二代和第三代新机型。

索尼公司首先形成了最初概念（不管对最初的功劳有何争议），并积极地采取后续行动创造了超竞争的状态。索尼公司独树一帜的做法就是超竞争的全部意义所在。

▶▶ 价值垄断

过去建立价值垄断有许多传统方式。其中一些仍然一如既往地重要，而另一些则变得不那么重要。

物理唯一性

《蒙娜丽莎》举世无双,凡·高的《鸢尾花》也仅此一幅。建造酒店有三件事很重要:位置、位置和位置。如果你的酒店建在黄金地段,你就有了价值垄断。黄金地段的价值可能确实会发生改变。例如,许多宏伟的老酒店都建在火车站附近,而这些地方如今可算不上黄金地段。

我在威尼斯拥有一座私人岛屿。世界上只有一个威尼斯,也是一座美丽的城市,永远不会有第二个威尼斯。我的那座小岛是从机场到威尼斯的主要水道上唯一的私人岛屿,不管涨潮落潮都能上岛。这是它独一无二的特点。

艺术和古董行业建立在物品的物理独特性之上。艺术品的价值往往会有波动,有时会虚高,然后又跌落下去,周而复始。这对那些永远无法在静态市场中获利的经销商有利。

技术独特性

很多人都知道宝丽来公司在 20 世纪 90 年代初因柯达公司侵犯其即时胶卷专利提出起诉,并与柯达公司达成了 9.25 亿美元的和解协议。专利显然是价值垄断的一个例子。美国法院近年来越来越偏向专利持有人。人们一度感觉专利持有人是阻碍自由竞争的敲诈勒索者。但随着东亚和东南亚经济体的崛起,人们意识到知识产权非常重要,应该受到保护。例如,许多国家对新加坡施压后,该国清理整顿了曾经蓬勃发展的盗版视频行业。

制药行业(美国制药行业规模高达570亿美元)可能是有最多专利保护和技术独特性的行业。开发一种新药可能需要投入2.31亿美元。制药业每年在研发方面的投入高达82亿美元,占销售额的16.8%,几乎是美国电影业总规模的2倍。开发新药符合所有人的利益,因此这种巨大的研发投资理应得到回报。像意大利这样不允许对药物授予专利的国家也就开发不出新药。在美国,药物的专利有效期约为17年。考虑到前10年要用来满足美国食品药品监督管理局对临床试验和测试的要求,制药公司只剩下7年的时间赢利,以收回投资并支付未来的研究费用。但即便只有短短7年,也有不少药企收获了丰厚的回报。

例如,治疗消化性溃疡的药物获得了巨大的成功。来自默克公司(Merck Corporation)降低胆固醇的洛伐他汀全球销售额将可能达到15亿美元。用于治疗前列腺增生的保列治也来自默克公司，可能也将成为市场赢家。华纳－兰伯特公司（Warner-Lambert）研发的用于治疗阿尔茨海默病的他克林（Cognex）具有巨大的潜力。

在制药领域之外，展开基于科技的超竞争的可能性要小得多。有一年，我去达沃斯世界经济论坛发表演讲，刚好听了时任柯达公司首席执行官科尔比·钱德勒（Colby Chandler）的演讲。柯达公司在技术发展方面从不懈怠，但他说技术正在迅速成为一种大众商品。技术领先充其量只能给一个企业六个月到一年的领先优势，精尖科技的发展很快就将让每个人都可以利用新科技。

我记得曾和一家大型化工公司研究部门的成员有过一次关于未来研发的交流。他们说未来有可能会生产出越来越好的材料。但是非常专业和高质量的材料市场非常小。为什么要在研发上花百万计美元，只为满足非常小众的市场需求呢？

在某种程度上，美国微芯片制造商也存在这种问题。美国人不再与强大的日本芯片制造商正面竞争，而是逐步退出普通芯片业务，转而专注特殊设计和应用。这当然保护了它们的边际利润，但也将它们排除在电器和其他将成为芯片大用户的大型市场外。边际利润是保住了，但也逐渐缩小了自己的市场。

索尼随身听的经验在这里很适用。他们对产品做了小型化设计,但并没有重大的技术突破,随身听的价值是通过一个应用概念获得的。因此,在未来,应用概念将比纯技术更有价值。所以我们需要像对待技术开发一样认真对待概念开发。因此在后面的章节中,我将提倡建立真正的概念研发部门。索尼随身听的第二个经验是它的营销和后续跟进。研发出优越产品后坐等客户找上门来可不行。

知名度

关于英国女侦探小说家阿加莎·克里斯蒂(Agatha Christie)的电影和录像产品已经形成一个完整的产业。设计师品牌行业的基础是品位优雅、对时尚敏感、极度关注形象的消费者。无论是锐步(Reebok)、拉克鲁瓦(Lacroix)、古驰(Gucci),还是卡尔文·克雷思(Calvin Klein),都是基于人名的品牌名。流行作家的书籍或明星主演的电影,都属于基于人物独特性的超竞争领域。

好莱坞和音乐产业是美国超竞争的特殊例子。庞大的国内市场和美国热造就了作品大卖的全球明星。海外市场现在占好莱坞影视公司收入的42%。全球都在狂热追捧迈克尔·杰克逊（Michael Jackson）和麦当娜（Madonna）等美国巨星。

虽然日本可能主导着娱乐业的视听端，但美国已经主导了软件或输入端。日本人知道这一点，所以索尼公司收购了哥伦比亚公司，松下公司收购了MCA（今环球影业），以获得它们积累的所有软件所有权。现在只有三个主要美国影视公司在美国人手中。但无论公司由谁掌控，知名度都是一个非常强大的超竞争形式，因为知名度难以消除。

支配地位

有时，一家公司在市场上占据着支配地位，仅凭借这样的地位就可以具有超竞争优势。这对于主导飞机行业的波音公司来说确实如此。一系列出色的机型，尤其是非常成功的747飞机让波音公司获得了支配地位，未来几年的订单已满。来自空客公司的竞争日益激烈，但这家公司要超越波音还有很长的路要走。未来，很可能会出现一个以苏联飞机技术为基础，辅以德国和日本先进技术的强大竞争对手。俄罗斯人当然很懂飞机，俄罗斯航空（Aeroflot）可能是世界上业务最繁忙的航空公司，军用飞机也非常先进。

支配地位是展开超竞争的良好基础，一家企业可以获得这样的地位，但需要善用。事实上，支配地位没有看起来那么稳固。我认为波音公司已经对其支配地位产生了一些自满情绪。

准入成本

CMOS芯片比普通芯片耗电更少，但需要大量的资本投资。由于耗电少，非常适合笔记本电脑，而笔记本电脑大多是日本生产的。

准入成本高且需要不断注入研发资金的领域可以防止新来者进入市场。然而，必须有充足的现金流来支付研发费用。这在美国尤其困难，季度股票分析师的报告对投资周期施加了很大压力，投资周期要比日本短得多。

一种商品一旦在市场上站稳了脚跟，取代它的成本可能巨大。例如，如今广泛使用的QWERTY键盘的字母布局设计旨在减慢打字速度，减少早期打字机机械键卡壳的情况。这种按键布局一直沿用至今，学习使用这种键盘的人越来越多，因此制造商也一直在生产这种键盘。如今完全可以设计一个打字效率更高的键盘，但市场成本巨大。有时让人们改变饮食习惯也是如此。还没有哪家公司能成功地把冰激凌卖给过法国人，而其他一些食物却很容易被他们所接受。

品牌形象

获得价值垄断最传统的方式是通过品牌形象。尽管有许多竞争对手，麦当劳门店还是生意兴隆，亨氏番茄酱也仍然最受欢迎。当其他方面的价值相似时，熟悉度、可用性、可靠度和一般形象就非常重要。品牌形象经常会受到零售商自有品牌、许多国家零售商挤压利润以及零售商坚持自己做广告所带来的威胁。广告主将发现越来越难以凸显众多竞争产品之间的实际价值差异。也许品牌形象广告的主要价值具有循环效应。零售商囤积产品是因为它们认为消费者需要这些产品。因为产品有库存，消费者就会买，从而证明零售商进货是合理的。

尽管品牌形象有助获得超竞争优势，而且未来对品牌形象的需求可能会更大，但我认为随着质量的全面提高以及消费者获取真正价值的意识越来越强，维持品牌形象将变得越来越困难。

哈佛大学商学院是品牌形象循环效应的一个范例。许多绝顶聪明的人从哈佛大学商学院毕业后提升了它的声誉。这意味着在此就读的价值增加了，又吸引了更多的人申报就读。这为学校提供了更多的选择，让学院获得了最好的生源，既提高了学院声誉，又确保了产品价值。其实际教学方法就像许多高智商人才进入商学院走过的那座拱门一样无关紧要。聪明的人走进去，走出来时同样聪明，这并不足为奇。

市场细分

虽然零售业产能过剩，大多数公司都在裁员或关闭部分门店，但韦恩·巴多维努斯（Wayne Badovinus）正计划开设更多艾迪鲍尔（Eddie Bauer）门店，因为该品牌专注的是户外和休闲服装，人们喜欢购买这些服装，因为它们不易受时尚变化的影响，不易过时。而且它的主要目标群体是四十多岁的已婚夫妇。

这类非常具体的利基市场、细分市场和市场焦点一直是获得超竞争优势的一种方式。这至少给了公司一个很好的起点，即使其他公司进入同一领域，只要管理层能够保持品质，仍然具有先入优势。英国非常成功的玛莎零售连锁店最初以针对中等收入群体销售内衣而闻名,后来在中等价位的优质服装市场确立了地位,并以此为基础进入了食品零售业,销售带有玛莎标签的产品。今天,它一如既往地成功,从食物业务赚到的钱比从服装还多。

这些与其他例子一样,首先形成初始优势,接下来重要的就是坚持下去。这里同样可能出现市场过于细分的情况,这与高度专业化的产品的问题一样。市场可能太小,仅在这样的市场中占据支配地位可能还不够,但如果市场变得更大或看起来有利可图,肯定也会引起其他公司的兴趣。

》》 壁垒或加分项

以上是我讨论的一些获得价值垄断更为传统的方法。其中一些是以壁垒的形式(如专利和市场准入成本),一些是基于无懈可击的独特性(如特殊的地理位置或个人),其他则必须基于某种"加分项",品牌形象就是传统的加分项,过去它在产品质量或品牌一致性方面具有真正价值。如今品牌形象可能加不了太多分。

真正的加分因素将来自对综合价值的细致关注。达美乐比萨（Domino's Pizza）的成功就直接建立在这个概念之上。想吃比萨的人不想出门，所以达美乐门店就提供送货上门的服务。必胜客连锁店和其他竞争对手很快也开始了自己的外卖服务。

佩绿雅矿泉水（Perrier）是另一个关于综合价值的好例子。它引入了"设计师水"的概念，并一直努力持续保持市场领先地位。人们越来越注重健康。连卡特总统都劝告人们午餐喝马提尼酒不要超过两杯。那么有品位的人午餐喝什么呢？他们不会喝可乐，那是给青少年喝的东西；啤酒也不够精致；喝水让你看起来很小气，而且一般也不好喝。因此，消费者迫切需要最显档次的饮用水。佩绿雅矿泉水满足了这一需求。突然之间，水不仅被广泛接受，甚至成了有品位的标志。和之前的例子一样，我们需要先认识最初的概念，并采取成功的后续行动。

儿童美食（Kid Cuisine）和史努比之选（Snoopy's Choice）的推出是受益于从关注垃圾食品和健康营养而来的综合价值。它们提供的是能吸引儿童又营养丰富的膳食。

宾夕法尼亚州的 C.R. Eggs 企业用米糠、苜蓿、维生素 E 和海带做成的特殊饲料喂鸡。该公司声称，在一项对照试验中，给一组受试者提供低脂低胆固醇饮食，每周吃一打这种特殊鸡蛋，给另一组受试者提供的饮食相同但不吃鸡蛋，最终两组受试者的胆固醇水平相同。这种特殊的综合价值让该公司鸡蛋的价格高出市场60%。

通用汽车公司在成本和工程技术方面很难与丰田汽车公司竞争。随着时间的推移，通用汽车公司可能会赶上丰田汽车公司，但到那时其市场份额可能已经下滑。也许通用汽车公司应该仔细研究综合价值，也应该像我对福特汽车公司在英国的营销部门所提出的建议那样进入停车场业务，也许拥有雄厚财务实力的通用汽车公司应该在汽车售出后提供有保证的回购价，让已出售汽车可以作为二手车转售。低里程汽车（只行驶4800千米以内的汽车）回购后再卖给经销商，经销商转手后可以获得不错的利润。这些低里程二手车的购买者似乎比新车购买者年纪更大、更富有。所以低里程二手车是有市场的。

有人可能会说这会影响通用汽车公司的新车销量。可能会，但这可能无关紧要。不愿意做一件事的原因很多，最糟糕的原因之一是它可能会损害现有业务（请参阅后面关于瑞士钟表业的讨论）。正如我之前所谈到的，汽车不仅仅是一部机器，其综合价值之一是能够以合理的价格轻松转售。如果通用汽车公司能够提供有保证的回购价格，那么人们的购买意愿就会很强烈。丰田汽车公司和其他公司可能很难在这方面竞争。在技术研发上花数十亿美元也得不出这种概念。但超竞争就是这样产生的，它源自新概念。

》》超竞争的来源

超竞争远远不止是日常管理。在企业内部做好管理（成本控制、质量保障）当然必不可少，但这只是做好基线而已。经典竞争确实是日常管理的一部分，但它也是确保基线而已。质量和价格必须管好。产品差异化和超竞争之间确实有一点点重叠，但重叠不多。超竞争关注的不是提供产品的差异化变化，而是关注商品价值的独特性。现在我们已经区分了日常管理和超竞争，并坚定地专注超竞争，那么该如何获得超竞争优势呢？

一些传统的获得价值垄断的方法将仍然重要，这些在前面已经讨论过了，其中一些方法可以进一步获得改进和完善，但超竞争中的加分项还有哪些源头呢？

有三个广泛的来源：

1. 综合价值。在本节和前面几节中，我强调了与产品价值不同的综合价值日益增长的重要性。我打算在后面的章节里更详细全面地讨论综合价值。

2. 严肃的创造力。超竞争直接基于概念和想法。无论我们有多少信息、经验和多强的决策能力，对新想法的需求仍然很大。新想法无法通过对信息的分析或计算机分类而产生，而是源自人类的创造力。我们必须摒弃对创造力的错误看法，专注于严肃的创造力及其应用。仅希望广告公司的创意人员能够提供你所需要的想法是不够的。这种依赖在很大程度上是无效的。严肃的创造力也将在后面展开讨论。

3. 概念研发。企业会斥资数以百万计甚至数以亿计美元做技术研发，它们知道必须这样做才能生存。未来，明智的企业将会发现，它们需要像对待技术研发一样认真地对待概念研发。事实上，技术正在成为一种商品，而利润和超竞争将来自应用概念。

因此，这里要给出的总体观点是，创造性和概念性思维将变得日益重要。每个成功的企业都将有一个由三部分组成的战略：

1. 做好日常管理。

2. 开发超竞争概念。

3. 大力贯彻跟进。

我想通过强调第三点来结束本节。除非大力贯彻跟进，否则再好的概念价值也都有限（至少有时间限制）。

第 7 章
词语、陷阱和危险

我们经常会忘记，为方便交流而创造的词语可能会成为危险的陷阱，迫使我们只能以特定的方式看待世界。我们只能看到我们做好了准备去看的东西。如果遇到全新的事物，我们会停下来思考它可能是什么，通常会将其分解成我们熟悉的组成部分来分析。但是，如果遇到一些乍看似乎与我们知道的事物相似的东西，我们只会将其视为熟悉的事物，而完全看不出它实际上有所不同。

我举一个非常真实的例子来说明这种危险的用词习惯。

1970 年，我率先在学校开设了思维训练课程。认知研究基金会的思维训练方法现在在国际上校园思维训练课程中使用得最为广泛。在有些国家，思维训练课程是每所学校的必修课，数百万的学生接受了这一训练。

在委内瑞拉，加拉加斯大学（University of Caracas）的一位哲学教授路易斯·阿尔贝托·马查多（Luis

Alberto Machado）读到了我在委内瑞拉出版的《思考的机制》一书，为他自己的思维和观点提供了新的刺激。之后他步入政坛，在他所属的政党赢得选举之后，他被问到希望去哪个部门任职。他提出要建立一个全新的智力发展部。后来，在萨尔茨堡（Salzburg）的罗马俱乐部（Club of Rome）会议上，他问在场的人是否认识我。出版商罗伯特·麦克斯韦（Robert Maxwell）说他认识，并安排我和马查多博士会面。他告诉我他成立了一个新的部门，但不知道下一步该做什么。我跟他介绍了认知研究基金会的训练方法。他将这套方法引入了委内瑞拉分公司，并安排人把相关材料翻译成西班牙语。他邀请我去委内瑞拉的学校为当地教师提供培训（后来还培训了公立和技术学院的教师）。委内瑞拉人随后建立了自己的培训项目，并在4年内培训了10.5万名教师。该国还通过了一项法律，规定所有学校都必须展开思维课程。在智力发展部的14个项目中，有8个以我的工作为基础。很久之后，在委内瑞拉历经数次选举、政府换届多次之前，哈佛大学也举办过一个不算太成功的项目。大约900名学生接受了哈佛大学项目的培训，相比之下有150万人参加了认知研究基金会项目的培训。我提到这一点只是因为认知研究基金会在美国给人的印象有些不同。

在委内瑞拉进行的项目激发了目前美国学校教授思维的兴趣。思维训练已成为一种潮流，出版商和各个机构在没有真正理解其含义的情况下就开始跟风。

批判性思维这个不恰当的术语几乎毁掉了这个教授思维的运动。在开始时，年长一些的哲学家认为思维就是指批判性思维，因为传统思维只强调批判性思维（基于我之前提到的希腊传统思维）。批判性思维的基础是寻找真理，并要求学生识别逻辑错误。这种律师式的思维方式确实有它的价值，在我们关注思维的发展过程中，它应该占有20%左右的重要性。但这只是思维的一部分。思维中极其重要的建设性和创造性部分完全被排除在外了。而对一个国家的经济发展而言，这种创造性思维至关重要。任何做生意的人都知道有产出才能赚钱。只靠描述和批评完全不够，挥着一把修枝剪没法让花园长出东西，仅仅避免思维错误还不够。

总之，这场运动被贴上了"批判性思维"的标签。不知何故，老师们不好意思直接说他们在教"思维"，必须在前面加一个形容词，而传统上这个形容词就是"批判性"。

批判性思维具有特定而精确的含义。批判性这个词源自希腊语kritikos，意思是判断。因此，批判性思维意味着判断性思维。可以肯定的是，这种思维很重要，但思维也必须有所产出。那些声称批判性思维涵盖了思维所有方面的人正在破坏这个词的真正价值，也让判断性思维失去了适当的名称。

当前批判性思维运动最大的危险在于其倡导者声称批判性思维涵盖了所有思维，但最终只教授传统的批判性思维。思维的生产性、创造性都被忽略了。

因此，批判性一词的不当使用正在严重损害美国教育的未来。

▶▶▶ 竞争

我有理由相信，竞争战略大师会坚持认为，超竞争其实就是传统竞争的一部分，而且本来就是他们一直在倡导的东西。我承认现在已经有许多超竞争的例子，一些人对竞争的理解也非常接近超竞争，但同时我也认为很有必要对竞争和超竞争加以区分，否则就无法给予超竞争应有的充分重视，就会很容易得出以下这样的逻辑：

……超竞争实际上就属于竞争。

……多年来我们一直在倡导竞争。

……因此我们不需要研究超竞争。

有个很出名的故事经常被人提到:

两个男孩正在穿越国家森林公园,路上遇到了一头熊,似乎要对他们发起攻击。一个男孩建议逃跑,另一个男孩平静地坐在地上,开始换跑鞋。第一个男孩惊讶地看着他说:"你不会以为你能跑得比熊快吧?"坐在地上的男孩抬起头说:"不是啊,但我不需要比它跑得快,我只要跑得比你快就行了。"

这个故事经常被用来说明竞争的本质。我同意,它确实说明了竞争的本质。男孩换跑鞋的行为完全取决于同伴的行为,只要跑得比另一个男孩快就行。这正是经典竞争的局限性,竞争的目的通常就是在价格或质量上击败对手。

这样做很有道理。跑得不如别人快就会被熊吃掉,用商业术语来说就是会倒闭。所以我和其他人一样支持经典竞争,竞争是生存所必需的。正如我之前所说,竞争是日常管理的一部分,属于维护性的工作,是为确保基线所做的努力的一部分。竞争是生存所必需的,而成功所必需的是超竞争。这就是我们需要区分两者的原因。

事实上,可以用一个非常简单的测试来说明竞争和超竞争之间的区别。没有竞争者还能有竞争吗?答案一定是不可能,因为竞争是建立在与他人比较的基础之上的。没有竞争者还能有超竞争吗?答案是可以,因为你是通过超竞争努力提供更好的价值,试图超越之前你所提供的价值。超竞争由价值驱动。超竞争是为了超越自我。

统合派和分割派

科学是由统合派和分割派发展起来的。统合派会指出表面看来非常不同的事物实际上有共同之处。例如,许多有不同症状的疾病可能都被视为是自身免疫问题。

在分割派看来,有些事物看起来非常相似并且经常被归为一类,但实际上它们之间的差别要比我们所想的大得多。例如,一种喉咙痛是细菌引起的,可以用抗生素来治疗,但另一种喉咙痛是病毒引起的,服用抗生素根本没有用。

统合派观察表面看来明显不同的事物,然后找到共同之处。他们会认为竞争和超竞争是一回事,因为两者原本就看似相近。在这方面的讨论中分割派的做法更有价值。分割派的人会对两者展开研究,然后发现表面的相似性掩盖了它们之间根本的区别。我试图在本书中阐明这种区别,并且寄望于读者也能自己努力加以区分。

▶▶ 和……一样

根据我在创造性思维领域23年的经验,我可以毫不犹豫地说,有一种说法经常会否定很多好想法,比任何其他说法都有杀伤力。这个撒手锏就是"和……一样"。

有时你在小组讨论中提出一个想法,其他组员会说你这个想法很荒谬,永远行不通,可能因为它是违法的,或者成本太高。但这些评论都不会直接否定这个想法,因为你可以继续讨论,并说明如何实现这个想法,解释它并不违法,或说明有什么更省钱的实施方式,这样一来大家的注意力可能会重新集中在这个想法上。

但如果小组中有人说:

"这个想法很好,但这和我们现在(或过去)的做法一样。"

这样的评论直接就把这个想法否定了。发表评论的人承认这个想法有价值，但不值得进一步关注或讨论，因为已经尝试过了，没有新意。大多数人都知道这样说是迄今为止打发一个想法最有效的方式。

我看到很多好的想法都被"和……一样"的评论否掉了。但通常只需进一步研究一下就会看出新旧想法之间的相似度非常低，实际上完全不同。如果我们在一个足够笼统的层面看待问题，很多想法都可以说与其他想法一样。毕竟，马和飞机都是从 A 点到 B 点的交通方式。我们是否应该因为已经有马就放弃飞机的概念呢？这种情况还真有可能发生。事实上，英国海军上将曾驳回了无线电报的想法，因为海军已经有了用旗帜发信号的方法！

>>> 综合价值

我相信大多数营销人员会说，综合价值的概念与产品差异化相同，并且他们一直就是按照这样的概念来做的。我完全同意现在已有很多综合价值的实例，有些是有意为之，有些是无心插柳。我也确信有些营销人员确实是这么想的。但我同样确信，我们需要有意地将综合价值与一般的营销和产品价值区分开。

营销的根本定义是将商品或服务推向市场，市场、价格、呈现方式、定位、沟通方式等方面有不同选择。

"这是我们的产品，现在该如何推销它呢？"

这个定义太过局限，大多数营销人员可能会就产品需要调整或改换包装才能取得销售成功提出看法。但是，如果我们将营销的定义扩大到包括公司为提供可销售价值所做的一切，这个定义就变得非常宽泛，可以定义任何业务，甚至都不再需要"营销"这个词。我们可以称它为"商品促销"，但这个词太狭隘了，只涉及商品在货架上的位置之类的问题。

通过综合价值这个概念，我们寻求将产品整合到买方复杂的价值体系中。这些价值既不基于产品，也不基于客户，而是基于客户、产品以及（也是最重要的）他们身处的世界之间的关系。

红利债券信托的成立旨在奖励那些工作特别努力的白领上班族。过去，管理者以发放现金作为奖金的效果并不是很好，因为人们开始觉得发奖金是理所当然的事，一旦不发就会失望，于是就做出了调整。红利债券是一张纸而已，只有在少数指定商店中才能使用。这个债券没有税收减免,也没有特殊的折扣价值,但很快就大获成功。从雇主的角度来看,债券可以反复发放和收回,人们始终都会把它视为一种奖励。

但为什么员工宁愿得到这些用途受限的纸片,而不愿意得到可以在任何地方都能使用的现金呢?答案是拿到手的钱很快就会和工资一起被用掉,因为总会有要买的东西:地毯、儿童运动鞋、汽车新轮胎等。而红利债券只能在出售个人奢侈品的商店中消费。所以钱只能花在自己身上,并且不必为此感到愧疚或引发争吵。事实上,许多主管销售部门的人都得出了同样的结论,以现金作为销售激励可能不如提供代金券有效。如果没有这些代金券,人们可能永远也舍不得花钱购买奢侈品来犒劳自己。

≫ 专注的好处

那些觉得自己已经具有超竞争和综合价值思维的人应该乐于见到这些新概念的定义,因为这样的定义会认同和凸显他们自己的思维方式。

新词或新概念的好处在于它们可以让我们更直接地

专注于重要的事情，如图7.1所示。如果我们坚持认为超竞争只是竞争的一部分，那么我们只会关注竞争以及竞争中许多与超竞争无关的方面。如果我们开发一个新概念，就可以直接专注这个新概念的内涵。

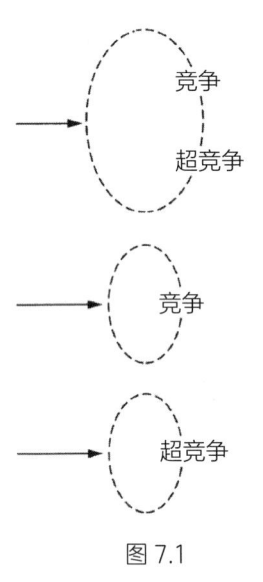

图 7.1

然而，那些不了解竞争和超竞争之间区别的人会继续声称竞争已经是一个很充分的概念。但他们这样做将一无所获。

第8章
商业的三个阶段

商业发展有三个阶段,也可以将它们称为商业的三个时期或三项技术,每一个都涵盖了一种思维方式和行动,有各自不同的目标。简而言之,这三个阶段是:

1. 生产价值阶段。
2. 竞争价值阶段。
3. 综合价值阶段。

让我们来逐一讨论。

>>> 生产价值阶段

生产产品或提供服务很重要。产品或服务具有内在价值就足够了。有没有产品是能不能做生意的充分基础。例如,在商业发展的早期,企业能生产出汽车或提供银行和保险服务就足够了。这些产品和服务只要能够发挥基本功能,就会有市场。而且市场需求还在不断增长,甚至还有让后来者进入市场的空间。

所以人们肯定会把思考重心放在生产过程上,会考虑价格,但不是出于竞争的目的。低价的目的是扩大产品的市场规模。亨利·福特推出著名的T型车的目的是为百万计的消费者提供可靠的座驾。后来亨利·福特开创了流水生产线,让生产过程获得改进,这样做是为了提高产量和生产力,而不是节约成本。当时的市场需求够大,生产出来的产品都能被市场吸收。较小的公司会被赶出市场或被迫合并,不是出于竞争压力,而是因为要维持大量的管理支出需要有一定的企业规模。

生产阶段不是出现一次便会结束的阶段,出现全新产品或服务线,或当一个新的市场打开时,它会周而复始。随着时间的推移,俄罗斯、东欧甚至中国都可能会提供新市场。

>>> 竞争价值阶段

随着时间的推移,企业逐渐成熟,并产生盈利。现有企业开始扩张,新企业受到诱惑进入到它们认为有利可图的市场。对商品的简单渴望或多或少已经得到满足。需求仍然存在,但现在的关键变成了如何提供更高质量的产品,以及如何说服人们购买产品。

于是企业开始了技术上的竞争。现在选择多了,为什么要买这个而不是那个?价值不再是简单的产品价值,而是比较竞争力的价值。这辆车比另一辆车便宜,比另一辆车跑得更快,或者比另一辆车内部空间更大。

生产仍然很重要,但现在它的目标是获得有竞争力的价值。生产产品的成本能否低于竞争对手?或者能否至少与竞争对手持平?经典的竞争很快就变成了价格、质量或产品差异化的竞争。有些企业一开始走的就是低成本生产路线(如雪佛兰),面向大众市场大量销售。质量过得去、价格有竞争力是它们的目标。其他一些品牌(如凯迪拉克)追求高品质,销售对象是有高品质产品购买力的买家。产品几乎没有真正的实质性差异,但被广告业大力鼓吹。广告业的任务就是展示一个品牌与竞争品牌之间的不同之处。

随着时间的推移,产品差异化变得更加真实具体。

例如，美国经销商对供应商说它们不喜欢较小的节油汽车，日本汽车行业因此进入美国市场。1973年欧佩克第二次上调油价之后，日本能够提供美国制造商不愿生产的小型节油汽车。日本人还意识到价格和质量并不像一些营销人员所想的那样相互排斥。日本制造的汽车质量好，价格低，还提供了美国汽车制造商为了降低成本而放弃的许多附加功能。

在竞争阶段，价值在很大程度上取决于竞争对手在做什么。从第一阶段到第二阶段的转变只是从没有竞争的市场到竞争加剧的市场的转变。

综合价值阶段

大多数企业现在都处于竞争阶段，有些还没有进入竞争阶段的企业仍然认为它们处在产品价值的第一阶段。很少有企业会有意识地进入综合价值这个下一阶段。过去肯定出现过综合价值的有力案例，现在也是如此。但这些都是无心插柳的结果，而不是在战略上经过深思熟虑而做出的努力。

综合价值的一个典型案例是非常成功的法国品牌地

中海俱乐部（Club Med）。法国人不喜欢出国旅行，部分原因是他们不会说外语，还有他们认为法国的烹饪标准高于几乎世界上任何其他地方（确实没错）。地中海俱乐部的概念将这些直接融合在一起，现在法国人也接受出国旅行了，而且在其他国家依旧可以说法语，并享用地道法国美食。

综合价值不是简单的产品价值或竞争价值，而是整合到客户复杂价值体系中的价值。综合价值不仅是问客户想要什么。客户可能不知道他们想要什么，直到有人向他们推荐了市场上的某个产品或服务。提供综合价值可能会带来竞争优势，但这并不是这么做的初衷。独创思维的目的其实是通过创造价值垄断来获得超竞争优势。综合价值并不总是导致超竞争，但超竞争总是建立在价值垄断的基础之上。达美乐比萨送货上门在一段时间内可能是超竞争优势，但如果必胜客连锁店紧随其后也开始做外卖，它就会变成单纯的竞争。

商业发展的三个阶段可以这样描述：

• 第一阶段，关注产品和生产。把产品推向市场是最重要的。

- 第二阶段,关注竞争。如何才能做得更好,或至少不落后?
- 第三阶段,注重融入客户复杂的价值体系,通过概念设计寻求超越。

>>> 举例说明

我们现在可以看看不同的行业在这三个阶段的发展情况。

汽车行业

生产的第一阶段很容易识别,现今世界上有些国家的汽车行业仍处在第一阶段。

第一阶段之后是竞争阶段,汽车行业进入这个阶段已经几十年了。由于产能过剩和日韩汽车进入全球市场,竞争愈演愈烈,重点已从价格转向质量。需求增长最快的是豪华车,日本人正在用雷克萨斯和英菲尼迪等挑战其他品牌。

令人惊讶的是,汽车行业尚未进入综合价值这个第三阶段,几乎没有做出提供综合价值的努力。有些车被认为能够提升车主的自我形象,但这只是综合价值一个很小的例子。经销商现在将客户视为长期客户,而不是一锤子买卖的对象。例如,通过与 IBM 公司合作,每辆售出的雷克萨斯汽车都可由计算机跟踪。当前汽车销量的下降可能最终向汽车制造商发出了信号,即汽车不再只是一部机器。可惜的是,由于汽车行业从传统上一直不善于向外部学习,因此这些新概念可能需要很长时间才能被汽车行业广泛接受。

航空业

在航空业发展的第一阶段,能搭乘飞机出行就已经是一个了不起的价值。航空公司给乘客的暗示是能搭乘飞机出行就应该感恩戴德了。澳洲航空公司曾一度只雇用男乘务员,因为它认为高档餐厅只用男服务生。乘客似乎也确实很庆幸有这样的出行方式。这种态度在今天已经消失。

由于监管的存在,航空业的竞争阶段来得相当晚。在一些国家,监管仍然发挥着很大作用,防止竞争压力导致价格战,这背后的原因是需要保持国有航空公司的偿付和运营能力。竞争（尤其是美国那样的竞争）降低了繁忙航线的价格，并带来了飞行常客奖励计划等各种激励政策。竞争也导致许多航空公司倒闭，这种整合过程无疑会继续下去。

航空业的综合价值阶段尚未到来。航空公司现在正在做的任何努力我都不会视为是真正的综合价值的体现。在家里用计算机预订座位和能在飞行途中打电话都不算什么。整个航空旅行业仍然效率不高、流程烦琐、极不方便。也许等有了可以从市中心垂直起降的技术后，航空旅行业才会有进一步的发展。

计算机行业

计算机生产的第一阶段非常了不起，配备计算机和没有配备计算机对于客户来讲差别巨大，计算机行业的收入逐年增长。

接着就到了竞争阶段。现在技术很稳定，大部分计算机可以以普通商品价格出售。计算能力不断提升，成本逐渐下降。

具有强烈竞争本能的新企业进入了这一行业。康柏在低端市场挑战 IBM 公司。阿姆达尔公司、富士通公司和日立集团迈进了曾经被IBM公司垄断的高端市场。数字设备公司（DEC）专注小型设备，并建立了自己的利基市场。王安计算机公司（Wang）走的是文字处理器的产品差异化路线。这条路线在一段时间里非常成功，但后来日渐式微。

与许多其他行业相比，计算机行业的综合价值阶段来得更快。现在的重点是互联性和网络。人们拥有自己的台式计算机，在家中用无电池的计算机工作，外出则使用笔记本计算机。综合价值阶段还有很长的路要走，但计算机行业已经有了一个良好的开端。

银行业

在很长一段时间内，人们能获得银行服务就认为足够了。在当今世界，大多数国家的情况仍然如此。客户申请贷款，能获批就已经很高兴了。

后来进入竞争阶段，每条街上都有银行，提供大量不同的产品和服务。信贷就像糖果一样到处被推销。

现在竞争更加激烈，因为银行能做的，其他公司也能做。通用汽车金融服务公司（General Motors Acceptance Corporation）从事贷款业务，西尔斯百货公司（Sears）等零售商也提供信贷服务,美林证券公司(Merrill Lynch)的投资账户也可以充当银行账户。

银行业已经进入综合价值阶段。各种形式的银行卡、自动取款机和零售点电子转账(POS机转账)都是为了给客户提供更多的便利。有了新概念,很可能会取得进展,因为银行现在开始明白,未来它们的利润将来自普通客户,因为企业可以以更低的成本自己筹集资金。

总之,我们在几乎各个行业都可以看到从产品/服务价值的第一阶段到竞争的第二阶段的过渡。如我们所见,很少有行业开始进入综合价值阶段。在某些情况下有一些朝着这个方向努力的迹象和尝试,然而未来的路还很长,并且非常需要大量的概念和创造性思维。

第9章
综合价值

传统上,西方制造商把它们的供应商视作篱笆另一边的人,即像敌人一样的人。供应商总是面临着压力,在保证质量的同时还要维持低价。如果价格或质量难以令人满意,制造商随时可能更换供应商。例如,英国玛莎的产品标准非常高,坚持要求一卷布料上随意剪裁下来的两块布就能做成一套衣服,并且没有任何色差。

近年来企业对供应商的态度发生了惊人的变化。这种变化遵循了日本人的传统态度。在日本,制造商将供应商视为合作伙伴,与供应商共同提高质量。它们会与供应商分享技术知识,而不只是给出粗略的规格要求。美国也开始朝着这个方向发生改变,制造商的价值与供应商的价值越来越融为一体。

企业与客户一直在进一步整合价值。生产商不再只是急于完成一锤子买卖,然后马上去找下一个销售对象。汽车经销商把它们的客户信息做成了卡片索引,定期给客户打电话询问汽车的状况，并提醒客户汽车该进行保养的时间。杂志出版商早就知道，获得新订户的成本是保留老订户的成本的四倍。客户很宝贵。我见过的效率最高的公司之一是位于墨西哥蒙特雷的一家玻璃容器制造商 Vitro Fama。它们通过卫星与客户联系，并拥有能够立即响应客户需求的计算机程序。这家墨西哥公司已经开始收购一些美国公司，有此成就，顺理成章。因此，商业思维的新趋势是企业要把供应商和客户的价值都整合起来。

综合价值观念让这一趋势更进了一步。通过设计和提供综合价值，生产者不仅整合了客户直接关注的价值，而且还整合了客户生活方式涉及的所有复杂价值。我们身处的世界有多重复杂的价值。如果外出旅行的时候能有令人放心的寄养方式，购买宠物的人会增加成百上千万。

瑞士制表业发明了石英机芯，但没有利用这一发明，因为他们认为这项发明会扼杀其现有市场。谁都能用石英机芯，而只有瑞士人掌握着制造小齿轮和游丝的技术。事实证明，他们的想法正确，但策略错了。日本和中国香港的制表商急切地抓住了石英机芯的机遇，瑞士手表的销量一年内就下降了25%。

拯救瑞士钟表业的是斯沃琪集团的非瑞士概念。在40亿美元的手表市场上，斯沃琪手表的销售额最多只占2%，但斯沃琪集团做到了两件事。首先，它为石英机芯提供了一个很大的市场，从而降低了价格。更重要的是，斯沃琪集团告诉市场显示时间不再是手表最重要的特征。一块5美元的手表和一块价值3万美元的手表都能显示时间。斯沃琪集团卖的不是时间，而是有趣的时装配饰。一旦意识到它们卖的不是手表，而是珠宝配饰，瑞士制表业就立刻复苏了。事实上，有时佩戴名贵手表是男人佩戴、享受和炫耀珠宝配饰的唯一合理方式。这已成为当今钟表业的本质。在飞机上打开杂志，就会发现30%的广告都是高档手表。显示时间的功能只是向男士出售珠宝时所展示的基本价值。这是综合价值一个非常清楚的例子，不过这只是在瑞士制表业享有盛誉的前提下的一个超竞争案例。

许多年前，在巴基斯坦，一个名叫尼什塔尔（Nishtar）的人接管了一家经营不善的农业银行。他给信贷员开设了农业信贷课程，让他们从办公室走出去，骑上摩托车去农村为农民提供建议和贷款。在收获季节，信贷员会在农村帮忙,并确保销售渠道畅通。不用说,这个综合价值的优秀案例让这家银行扭转了局面。

加利福尼亚的第一台自动取款机是为那些没有时间在银行排队的成熟客户设计的。这是最初的设计意图,但经过几个月的运营后,银行意识到最喜欢用这些机器的人是墨西哥移民(有些是非法移民),他们不会说英语,害怕去银行。这是计划之外的综合价值的一个很好的例子。正如我在本书所提到的那样,许多综合价值的成功案例并不是设计或预期的结果,而是无心插柳的结果。

当玛氏公司(Mars)推出第一款两支装巧克力棒时,人们对这种略有不同的产品形式并没有太高的期望。但令人惊讶的是,这款产品销售额飙升。其他厂商用不同口味、名称和价格的产品复制了这种包装形式,销售情况都很好。这是怎么回事?那时,人们开始注重健康、体重和饮食。如果你有一条巧克力棒,吃掉它会产生百分百的罪恶感。但如果是双糖果棒的包装,你打算只吃一个,这种罪恶感就只有一半;过一段时间再吃掉另一个,那时的罪恶感也只有一半。众所周知,说到罪恶感,两个一半加起来可不等于一。

吉百利史威士股份有限公司(Cadbury Schwepps)有

意或无意地采用了相同的概念，并将其应用于名为 Wispa 的大热产品之中，这种充气巧克力中有很多小气泡，价格跟正常巧克力差不多。但人们很乐意以巧克力的价格购买充气巧克力，因为这个产品的"综合价值"让他们在享用巧克力时没有那么多罪恶感。麦当劳餐饮集团的减脂烹饪、脂肪替代和燕麦麸产品都是类似的尝试，都是为了迎合消费者对饮食和健康的关注和需求。

雨林坚果（Rainforest Crunch）是一种秘鲁雨林坚果制作的甜点（还有坚果冰激凌），生产商是杰森·克莱（Jason Clay）创立的文化生存企业（Cultural Survival Enterprises），它的成功表明保护雨林比烧毁雨林更具商业价值。显然，该产品融入了当前对环境特别是对雨林的关注。

一位优秀的销售人员曾经告诉我，他第一次拜访一个重要客户时，总是会故意犯错。这似乎很疯狂，但他每次都迅速纠正错误，并表现出强烈的改进意愿，对客户来说，这样体现出的综合价值比完美表现更大。他卖的是一种机械设备，对买家来说售后服务的质量非常重要。他给买家留下的印象是，这个销售人员不是打算赶紧卖掉东西就立马消失。

竞争的局限

今天，美国酒店业的产能严重过剩，入住率下降到了65%。这是由多重原因所导致的。首先，有一项对投资酒店有利的税收减免优惠（于1986年被废除）。许多投资者看好酒店，因为房价可以每周上调，而写字楼的租金则可能会被锁定多年。在经典竞争思维的基础上，人们总是寄希望于新酒店淘汰老酒店，因为老酒店效率低下，缺乏吸引力。这也是写字楼大量产能过剩背后的思维基础。人们经常会忘记，旧建筑的债务和成本较低，因此可以以较低的价格继续运营。

在酒店的例子中，我们可以看到传统品牌形象观与综合价值观之间有趣的冲突。传统品牌形象观坚持认为，假日酒店、希尔顿酒店、万豪酒店或四季酒店都具有连锁酒店的性质和标准。所以投资者就四处寻找看似需要这种类型酒店的地方。综合价值观是不考虑品牌形象的，而是直接考察一个地区的实际需求。有的地区可能需要一家可以举办商务会议的酒店，有的可能需要能满足家庭出行需求的廉价酒店，有的可能需要为在市中心短暂出差、行程安排紧张的企业高管提供过夜的酒店。所以投资酒店要考虑的是每个地方的具体需求,而不是坚持品牌形象的统一。这似乎是铁狮门房地产和建筑公司(Tishman Realty and Construction Company)的策略,尽管产能过剩,该公司仍在继续建造酒店。

哈门纳公司(Humana)有一个利润丰厚的健康保险系统,把病人送到自己经营的医院。在日本,医生通过向患者卖药获得大部分收入,不过这种综合价值形式可能并不符合患者的最大利益。

如今餐饮服务网点不仅产能过剩,还打着传统的价格战,比如麦当劳的芝士汉堡仅售59美分。近年来,麦当劳餐饮集团大部分的业务增长来自早餐。麦当劳餐饮集团通过努力提供这种综合价值,即便多年亏损也依然坚持了下来。在大多数欧洲国家,人们不在家吃早餐,而是在上班路上吃。这个市场竞争激烈,但一旦站稳脚跟,客户忠诚度可能会很高,因为一直在上班路上吃早餐的人们不太可能改变这种习惯,他们要的是简单快速的早餐服务。

在竞争激烈的果汁市场,通用食品公司(General Foods)(在被收购之前)凭借小包装获得了巨大成功。这种小包装方便携带,并附带吸管,将果汁变成了即食饮料。这与普通体积较大的果汁包装形成了鲜明对比，后者是家庭购物的基本内容，带回家并放入冰箱冷藏后饮用。在这个例子中，一个简单的包装变化就开辟了新的价值。

洛克希德·马丁公司（Lockheed Martin）在销售客机方面不如波音公司成功，所以它与日本的航空公司谈下了为其所有波音747提供维修服务的合同。这个例子让我们清楚地看到了传统竞争和综合价值之间的对比。

▶▶ 双重整合

看一幅画的时候，通常会专注于它的主题或其中的物体。但在欣赏中国国画或日本版画时，还必须注意物体之间的留白，因为它们同样重要。

寻找综合价值有点类似于欣赏画作中的留白，要了解客户以及围绕该客户的关系（或空间）。客户已经融入了这个世界。因此，在寻求综合价值时，我们也要融入客户所在空间里已有的价值，所以从某种意义上说存在着双重整合，即寻求融合已融合过的价值。

效率和综合价值有时似乎背道而驰。我们可以计算出聘用多少名柜台服务员的时候工作效率最高。为此，必须测量实际客户流量，估计他们不耐烦到什么程度的时候会换去其他地方购物。计算的结果是客户需要排队等候一段时间才能获得服务。可惜的是，算出不耐烦的"平均"水平绝对没有任何意义。有些人很快就不耐烦了。从效率的角度来看，要满足这些非常急躁的顾客的需求，就需要安排大量服务员，但这样的话成本会很高。

解决这个问题的一个综合价值方案是在其中一个柜台上放置一个标志，表明此处需要额外收取 5 美元服务费。不耐烦或赶时间的人可能会认为为快速获得服务而支付额外费用是合理的。如果有更多人认为这个钱花得值，那么就可以进一步提高收费。

每当我们在应对一般行为或一般消费者时，我们都在掩盖个人之间价值的巨大差异。正如我之前提到的，购物者有几种类型：对于购买日常物资的人，他们希望周末驾车到商场买上够一周用的物品，所以网上购物、长期订单和送货服务就能满足这类消费者的需求。而对于休闲型购物者而言，购物是出门和结识朋友的最佳理由。还有一类是喜欢逛街，并愿意冲动购买的人。这些类别的人互有重叠，同一个人可能在不同的时间有不同的购物目的。

市场细分和心理学有助于了解个人所需的价值，但我们需要在综合价值的框架内加以利用。普通的市场细分可能表明年轻的已婚人士会买某一类型的汽车，而雅皮士（指西方国家中年轻能干有上进心的一类人）则会购买另一种类型。在寻求提供综合价值时，可以考虑可转换的设计，让年轻已婚夫妇偶尔也能开上雅皮士类型的汽车，当雅皮士需要的时候，也能拥有年轻已婚夫妇所驾驶的那类汽车更大的空间。综合价值可能适用于以旧换新计划，以便在家庭结构发生变化时能够顺利更换适合家庭新需求的汽车。

可悲的是，英国汽车工业已经让综合价值给毁了。由于个人所得税率非常高（多年来边际税率高达83%），所以高薪没有任何意义。因此，企业就给予高管各种福利，通常都会包括免费使用公司汽车。公司购车在英国汽车销售中的占比一度高达66%。公司客户一般主要考虑的因素是价格，而且很可能会购买英国品牌。这种综合价值的结果是，制造商几乎无须面临来自普通消费者的压力，他们满足于生产缺乏竞争力的车型，因为公司客户肯定会买。结果英国汽车工业在国际市场上实际上销声匿迹了。

在美国，10%的售出汽车用于租赁汽车和其他车队。每年有100万辆里程不多的汽车被回购并卖给经销商，经销商再以比新车更高的利润转售。正如我之前所写到的，低里程二手汽车的购买者比新车购买者更富有，年龄更大，换句话说他们是更精明的买家。这一套做法似乎让车队所有者、经销商和最终的个人买家都能从中受益。也许新车的销售会受到影响。在我看来，低里程二手车有很多的隐藏价值，某种分层所有权（分第一年、第二年等）的概念可以满足不同的价值需求。但如果汽车制造商只想着销售新车，这种综合价值就会被忽略。

超竞争

综合价值并不一定能带来超竞争。有时综合价值很容易被复制，从而无法形成价值垄断。然而，综合价值可以带来初始优势，然后可以通过良好的后续行动永久保持下来。

Sabre预订系统是美国航空公司多年前建立的，有些人认为该系统会优先支持美航的机票预订，这是一个很好的超竞争例子。该系统上约有 1.8 万家美国旅行社，即便其他系统更好，Sabre 预订系统也仍享有主导地位。

有些超竞争是由广告创造出来的，八点后（After Eight）薄荷巧克力和车身标有"我们更努力"口号的阿维斯（Avis）汽车租赁公司都是很好的例子，而且也是很少见的例子。巧克力作为晚餐后甜食的定位创造了独特的利基市场，是一种没那么明显的综合价值形式。阿维斯的口号经久耐用，非常强大。除了暗示司机有礼貌，服务质量好外，并没有其他综合价值的元素。

人造血是技术创新在偶然的情况下突然被赋予综合价值的例子。对艾滋病的恐惧意味着尽管有各种筛查程序，人们仍然经常不信任输血用血。人造血不会让人产生这种恐惧，而且比自体输血更方便（自体输血是指事先抽出病人的血液，在手术过程中输回病人体内）。

总之，并不是所有的超竞争都源于综合价值，也不是所有的综合价值都会带来超竞争，但未来超竞争有可能在很大程度上取决于综合价值的设计，而不是纯粹的产品质量或形象塑造。

第三部分

超越竞争

EDWARD DE BONO

第 10 章
价值和价值制造

我每年约有 40 万千米的航空里程，飞行期间有很多可以利用的时间。事实上，我有 3 本书完全是在飞机上写的。最后一本《六双行动鞋》，整本都是在从伦敦飞往新西兰奥克兰的航班上写的，那次我受邀在英联邦法律会议上发表演讲，在途中用一台奔腾 MC400 笔记本电脑完成了这本书的创作。

大家读过很多关于东芝、康柏、夏普和 NEC 笔记本计算机卓越性能的介绍。然而，所有这些笔记本电脑的电池续航时间仅为 4 个小时，用完就得充电，但在长达 30 小时的航班上无法充电。此外，去不同的国家电压和插座都不同。然而，奔腾 MC400 有一组 AA 电池，可以运行 60 小时，可以在世界上任何国家的任何酒店更换电池。对我而言，奔腾的价值远远大于东芝、康柏、NEC 或夏普笔记本计算机的价值，具有独特的综合价值。然而，我知道没有多少人像我一样经常出差、去这么多国家或想在飞机上写书。所以价值大小取决于需求大小。

此外，价值很难预测。如果更多的人意识到奔腾MC400性能卓越，他们也许会改变工作习惯，需求就会增长。企业非常不擅长预测需求和市场走向，这是因为它们只接受过基于过去做分析的训练。它们的逻辑是，如果电影《洛奇1》（*Rocky 1*）（出乎意料地）大获成功，那么《洛奇》续集肯定也都能成功。

过去认为打字机是盲人的辅助工具，因为其他人都可以手写。

人们曾认为圆珠笔市场规模有限，只有在高空因气压下降而无法使用钢笔的飞行员才用得到。

最初的市场测算表明，全球对计算机的总需求将不超过8台。

催生了整个办公复印机行业的施乐技术最初仅被视为是印刷的辅助技术，向IBM公司推销的时候还吃了闭门羹。

亚历山大·格拉汉姆·贝尔（Alexander Graham Bell）曾提出将电话专利卖给西部电力公司（Western Electric），但遭到拒绝，因为后者认为电话不过是个玩具。

任何依赖市场分析师的西方公司都会立即拒绝松下面包机,因为一个很少有人吃面包的文化推出这样的产品简直荒谬。而事实证明,这可能是松下推出的最成功的产品。难怪日本人对市场的信任远大过对市场研究的信任。

我发明的新词价值制造指的是经过深思熟虑、有意为之的创造价值的过程,借用了"制造"一词,即物品的生产。在这个词发明之前,价值创造由来已久,但这个新词有助于重新将注意力集中在有意识的价值创造上。

》》机会

相对于主动寻找发展机会,美国企业往往更为投机取巧。如果有机可乘,美国企业通常会投入大量精力跟风模仿现有的产品,以利用已开发好的市场。这种做法的原因可以理解,美国高管必须短期内出成绩。金融市场有短期预期,要的是立竿见影的业绩。个人层面也有短期的需求,如果不能快速取得成功,可能就会丢掉工作。所以美国企业比许多其他国家的企业更厌恶风险也就不足为怪了。

高级罪犯和企业家之间的主要区别在于罪犯非常厌恶风险。这似乎是一个悖论，但其实不然。犯罪分子不想冒投资者或市场的那种风险，他们希望每件事都在自己的掌控之下，按照精密计划行事。高级罪犯认为自己不会被抓到，但犯罪数据证明这种想法大错特错。

医疗保健行业（美国的规模为6800亿美元）的成本迅速上升，现在医疗保险支出大大上涨，这意味着需要采取有力举措来控制成本和医疗保险支出。65%~80%的医疗保健成本是人力成本。因此，任何减少人员需求的系统、方法或设备都有巨大的商机。例如，百特国际有限公司（Baxter International, Inc.）提供了一种自动控制的静脉滴注系统。可大大节省护士的时间，不再需要他们不断检查滴注进度。

疾病诊断相关分组（DRG）是医疗保险公司为降低医院不断上涨的成本而提出的一个巧妙概念。根据所分的组别、一定的住院天数按标准付款。出现了标准范围内的并发症可获得额外住院天数。医院现在不再为做更多检查以获得更多收入而延长病人的住院时间，而是力求让患者尽快出院，因为医院只能按标准天数收费。

因此，在控制医疗保健成本方面存在巨大的价值创造机会。

制药业特别幸运，它的市场由自己创造。如果神奇药物能治愈疾病，人们的寿命就会延长，就会需要更多的神奇药物。相比之下，汽车轮胎行业就不太幸运了，它会不断扼杀自己的市场。对轮胎的研发越多，它们的使用寿命就越长。过去能跑60万千米的轮胎现在能跑11万千米，所以轮胎销量下降了，但又不能提高轮胎价格或减少研发投入，因为竞争压力会更直接地发挥作用，让公司倒闭。有一个方法可能可以解决这个问题，但轮胎业似乎还没有找到。

污染控制将让化学工业付出约40亿美元的代价。与此同时，环境问题为新型杀虫剂、可生物降解材料、废物处理和臭氧杀灭化学品的替代品等提供了巨大的价值制造机遇。我曾经向杜邦公司建议为餐盘研发一种不用洗洁精也能洗干净的涂层，相对而言应该没那么难。一旦证明其技术可行性，洗洁精就可能会因含有大量磷酸盐而被禁用（低磷酸盐洗洁精则是另一个潜在机遇）。

婴儿潮一代都已成年，有家有室。中等价位的家庭餐厅每餐收费6~7美元，而快餐店一餐只需3~4美元，这个差价是为了晚上外出用餐时能享受更好的用餐环境。

值得一提的是，按照经典方式将市场分为高端和低端餐厅可能有一定风险，因为还遗漏了两个细分市场：低成本但品质更高和品质高但价格更实惠的餐厅。成功的餐厅很多从低成本概念开始，然后不断提升品质。

商业电视网络的主导地位正在下降。1980年，黄金时段商业电视网络能吸引80%的观众，如今这个数字已经下降到60%左右。有线电视及其窄播[①]正在为电视制作提供机会。同时，很难看出通常高企的制作成本（每小时100万美元）如何能够通过窄播收回成本。这里就出现了低成本制作的机会，也许可以更多地利用计算机合成，减少实地拍摄。

>>> 价值驱动因素

实现价值制造的另一种方法是思考一些宽泛的价值框架，然后将每一个框架应用于一个特定情况。许多传

[①] 窄播是将信息传播给有限的受众，而不是传播给广大公众。与利基营销或目标营销相关，窄播涉及将媒体消息瞄准由价值、偏好、人口统计属性或订阅定义的特定公众群体。——译者注

统的价值驱动因素仍将发挥作用。有四大价值驱动因素在未来将变得更加重要。它们是将取代生存经济学的价值经济学的关键。

1. 便利程度。
2. 生活品质。
3. 自我重要性。
4. 外部刺激。

1. 便利程度

只要看看方便食品多受欢迎就知道便利因素多么深入人心了，而且它还将变得越来越重要。人们在选择电器的时候主要会看操作是否简便。

随着生活变得越来越复杂，科技提供了大量的发展机会，人们渴望简单轻松的生活，这方面创造出来的价值直接就是综合价值。例如，从纽约到华盛顿的机场巴士服务已经是一个成熟理念，它就是一个明确的便利价值（无须预订，没有不确定性）。租汽车、买机票等方式还是太复杂了。

机场有一种电话服务可以让人直接寄送礼物,非常方便。在日本,有一种电话服务会替客户向其他人道歉。在美国,有一个类似的服务会替客户侮辱别人。便利服务永无止境。

最后,"资产管理"也是朝便利化方向发展的概念。与其自己努力跟随市场做出正确的决定,不如让别人帮忙做。几十年来,这一直是瑞士私人银行业务的精髓。

2. 生活品质

生活品质包括对健康、健身、环境、生活方式、家庭和工作习惯的关注。例如在健康和营养领域,对生活品质的需求影响巨大。运动鞋和保健设备的成功只是这种影响的例子之一。食品工业为成人和儿童研发了营养产品,开发了不含蔗糖的甜味剂和零脂肪的食物。

环境保护获得了很多关注和政治上的行动,但很难让个人参与进来。无铅汽油和再生纸(没那么有利可图)就是例子。人们对环境问题的关注停留在抽象层面上,如果替代品使用不便或代价高昂,他们便不会基于环保因素做出个人选择。

想要更多的钱还是更多的休息时间?面对这个问题

时，德国和瑞典的工人都选择要更多的休息时间，而英国工人仍然想要更多的钱。瑞典的税率非常高，多发钱几乎没有任何意义；德国人很富裕，想买的东西都能买，因此对他们来说时间的价值更大。在不久的将来，工作时间更短、更灵活以及兼职和自助式福利①的工作方式都将变得更加流行。人们将希望在舒适的环境中工作，这将转化为通过计算机和传真机居家办公的模式。为了将这个价值框架转化为商业成功，需要强有力的概念。

瑞典的问题在于其国民生产总值的57%都用于政府支出，这意味着大多数选民都在为政府打工，所以税率非常高，任何打算减税的政党永远都不会获得选票，这个问题似乎无解。瑞典政府可以做点什么呢，比如可以为那些在政府工作的年轻女性提供什么呢？多发钱不过就是多纳税，但工作时间的灵活性对任何人来说都有很高的价值，尤其对女性而言。

在某种程度上这是一个临界效应问题。一旦有足够多的人选择提高生活品质，生活品质就会突然变成一种

---

① 自助式福利是企业设计了众多的福利项目供员工自由选择。——译者注

生活必需品。

从商业角度来看,这样有可能产生消费主义的负面作用。人们会购买更耐用的汽车而无须频繁更换新车。人们可能不再追逐时尚,而购买可以穿更长时间的休闲服装。

3. 自我重要性

汽车行业非常清楚自我重要性和自我形象是巨大的价值驱动力。设计师品牌行业和奢侈品行业都知道,比起其他事,有钱人更愿意把钱花在营造或保持自我形象上。

如果威尔士亲王要参加在伦敦举行的一场慈善舞会,1000张每张2000英镑的门票不费吹灰之力就会很快售罄。这是无懈可击的超竞争。慈善事业本来也值得人们为其付出。还有很多其他的例子。

新的生产方法让更小批量的生产成为可能。在日本,限量版汽车的概念(一个车型可能只有一万辆)已经兴起。定制的进一步发展可能意味着会出现手绘漆的汽车。人们将开始为他们的汽车聘请外观设计师,就像现在为公寓聘请室内设计师一样。

给人们颁发奖章和荣誉比给他们更多的钱成本更低

又更有效，拿破仑是第一个意识到这一点的人。这是综合价值的完美范例。英国的荣誉制度就是这种做法的延续。人们喜欢感到自己很重要。

如果你归属于一个小团体，会经常感到自己很重要，因为你是这个团体的成员，而其他人不是。这显然是洛杉矶和其他地方帮派众多的原因。如果社会不把你当回事，你就会建立一个机制让自己觉得自己很重要。

邮轮公司的成功很好地说明了这里列出的所有驱动因素。邮轮旅行集酒店、餐饮、旅游、娱乐等为一体，一切安排都高度便利。高品质的环境保证了高品质的出行体验。通过所选择的游轮以及在游轮上快速融入的社会群体你可以感到自我的重要性。娱乐消遣中的外部刺激作用也十分明显。

4. 外部刺激

有人认为宗教是鸦片，因为它可以抚平人们的伤痛，防止人们反抗。电视和类似的娱乐形式更容易让人上瘾，更像鸦片。如果你习惯于接受来自外部的刺激，那么你的大脑永远不会形成自己思考和反思的习惯。一切都基于被动的反应。外部刺激越多，就越需要刺激。这对社会有很大的影响，对商业的影响就是娱乐和休闲产业将继续增长。

外部刺激可能出现的新方向是人们互为娱乐。日本的卡拉OK概念之所以大获成功有两个原因。第一个原因是，这在日本看似根本不可能受欢迎，日本人比较害羞，比较拘谨，但实际上拘谨的人通常会喜欢比较正式的摆脱拘谨的方式。第二个原因是这个概念非常之简单，消费者自己拿着麦克风唱歌和听其他人唱歌就能自娱自乐了。

>>> 价值的类型

你正在考虑购买的新房有多大的价值？

- 房子本身的成本。
- 升值的可能性：能否转售获利？如果买的时候房价在上涨，你会希望能一直涨下去。如果买的时候房价在下跌，你会希望自己抄底了。
- 位置：位置本身就具有多种价值，如方便购物、方便上学或上班、社区环境好、能给他人留下深刻印象。

● 房子的外观：指你脑海中房子的形象，尽管由于你住在室内，房子的外观什么样并不重要。

● 房子内部的空间和布局：工作空间、储藏空间、儿童或客人的空间等。

● 房子居住和维护的成本：供暖、维修、油漆和其他。

● 申请抵押贷款、买保险、评估等麻烦事。

买个房子要考虑这么多，能做出决定可真是一个奇迹。如果财务价值可以接受，最终房子的吸引力可能是最重要的价值。

我打算在此列出一些价值类型，肯定不够详尽，而且可能有所重叠。其他人可能会有完全不同的分类方式，但重要的是要具备强烈的潜在价值意识，作为考虑价值制造的基础。

感知价值

感知价值是最重要的价值，因为它是主要驱动因素。事实上，大多数广告表现的都是感知价值。我们相信大眼睛的金发女郎甜美天真，其实她们和普通人一样，但我们大部分的思维和行为都是基于感知。

日本汽车工业意识到,如果一辆汽车看起来像一辆时髦跑车,很多人就会当它是跑车来买。它们还意识到如果一辆汽车看起来是很有男子气概的越野车,人们买它的时候为的就是这种形象或感知。

感知价值没有真正的实质价值,因为买的只是感知。

有的感知价值能反映真实价值。

有的感知价值能反映真实但与购买者无关的价值。

许多手表品牌都在宣传它们的产品在水下几十米仍具有防水功能。我想这是一个真正的价值,并且也被认为是一个重要的价值。然而,会在海平面以下30米处佩戴手表的买家数量很少。

实际价值

如果没有感知价值,实际价值意义不大。如果你有机会长时间地使用一样东西,就会发现它真正的价值。口耳相传也可以传播实际价值,但过程缓慢。即使是降价带来的实际价值也常常被认为根本不是真正的价值。为什么这么好的产品还需要降价?

鼓励孩子多吃菠菜、少吃垃圾食品的母亲可能对营养饮食有所了解,但孩子感知的价值不同。

在技术领域，真正的价值当然会更加重要，但它仍然必须是相关价值。计算机可以做很多奇妙的事情。但如果你都用不上计算机，那些功能又有什么用呢？在这方面，文字处理器的消亡就很能说明问题。大多数人仅将计算机用于文字处理，因此会认为专门的文字处理器就很有用。什么地方出了错？现在随便一台计算机装上软件就能处理文字。因此，我认为人们觉得既然价格差不多，还不如直接买台计算机。

入门价值

有个英国石油公司的人曾经告诉我，当时（石油行业的情况很糟糕）他们在加油站卖糖果比卖汽油赚得更多。我说如果是这样的话，他们应该为少量购买汽油的客户提供折扣。例如，加1加仑（4.5升）油可享八五折优惠。如果人们一次加一点，就会更频繁地来加油，也就有更多机会购买赢利水平更高的糖果。加油就变成了入门价值。

正如我之前提到的，手表显示时间的功能只是向男士销售珠宝的入门价值。男人通常不佩戴首饰，有了显示时间的借口就不一样了。

环境价值

一个讲英语的人可以在巴西教英语。如果这个人生活在美国或英国，就没有这样的价值了。相反，在纽约的巴西人可以去教葡萄牙语、兰巴达舞或桑巴舞。

水可以高价卖给口渴的人。在怀疑本地供水受到污染的国家，未受污染的水价格可能很高。

上述这种环境价值可能非常有利可图。然而，环境价值显然与稀有价值有重叠之处。一幅鲜为人知的荷兰绘画大师的画作对所有者而言可能价值不高，但对懂行的艺术品拍卖行来说价值不菲。

德国夜店里一张漂亮的面孔在巴黎时装 T 台上更有价值。

协同价值

所有打造企业集团和推动收购交易的人都在大谈协同价值，即整体大于部分之和。编一个故事自己信了总比把所有部分组合在一起后去证明协同作用更容易。

与大多数钢丝制造商不同，比利时制造商贝卡尔特集团（Bekaert）并不隶属于某个钢厂。这意味着它可以从市场上以最低的价格买到质量最好的钢材。此外，哈门纳发现自己开一家能为其医院带来客源的健康保险公司有利可图（正如我之前提到的）。刚进入20世纪90年代的时候，日本的索尼公司和松下公司显然认为将电影资源注入下游电子设备可以产生协同效应，因此分别收购了美国的哥伦比亚电影公司和MCA[①]公司。

协同价值是基于成本节约、保障供应，还是真正的整合价值呢？真正的整合价值比许多人所想的要少见得多。

安全价值

对不确定性、未知和风险的恐惧是整个保险行业存在的基础。价格合适，保障就具有很高的价值。但是，如果价格超过了一定水平，人们就会突然变得"宿命论"起来，认为买保险没有必要。

一般来说，有品质保障的良好服务和次品更换确实有一定成本，但它们的保障价值要高得多。

谁将保障价值纳入二手车市场，谁就会成功。哪家

---

① 即Music Corporation of American，是一家音乐会订票公司。——编者注

建筑商或管道公司能提供保障价值也会成功。每当你所买的物品的实际价值不确定时,加一些保障感觉就很不同了。想象一下一个能为婚姻提供保障的公司会有多成功。

吸引力价值

吸引力价值与感知价值有很大的重叠。然而,感知价值通常是可以定义的,但吸引力价值可能非常模糊,难以定义。一样东西就是有"吸引力",可能是因为颜色、设计或其他什么。吸引力是一种整体感觉。有些电器比竞争对手的电器卖得更好,仅仅就是因为它们更有吸引力。这种价值可能缺乏理性,并且与实际或感知价值相去甚远,但它确实能起作用。一个看着橱窗里展示的商品的人可能会说:"我非常喜欢那个篮子,想想可以用它来做什么呢?"有了吸引力,人们自会找到一样东西的用途。即使是像相机这样以功能为重的物品,也可以仅仅根据视觉吸引力和"感觉"来购买。设计师早就清楚这一点,但走心的厂商并不多。新设计的风险在于它可能会吸引某些人,但对其他人没有吸引力,延续以前的做法不会产生意外。

时尚价值

时尚价值是与新奇和变化有关的人为价值。如何让人们对衣服更感兴趣,并在衣服够穿的情况下继续买买买?

时尚的真正价值在于让原本枯燥的东西变得更有趣。几个世纪前,男人和女人一样对服装时尚感兴趣,但今天男士服装似乎相对沉闷。

投资也有时尚,即热门文章、话题和引发兴趣的领域。

时尚价值其实是兴趣价值,但它融入了自我形象的价值。我在自己眼中形象如何?在别人眼中形象如何?如果宗教不能给人慰藉,那自我形象就必须能安抚内心,但它通常不如宗教可靠。

功能价值

计算机必须能用,手机必须能打电话,汽车必须能开,反导弹武器必须能防御。它们都必须具有功能价值。困难在于功能价值很快就会成为基线。

功能价值很快就变成了商品价值。

过去，每次要用计算机的时候，开机都必须经历启动、从菜单中进行选择等一系列烦琐过程。今天，我们理所当然地认为打开计算机时会回到睡眠之前的位置。

新的功能价值在一段时间内会很强大，然后会被复制，成为先进技术，最终变成商品价值。同时，新的功能价值有很高风险，因为如果新功能有问题，真的会让消费者对该产品完全失去兴趣。许多人已经放弃了全自动相机，转回手动相机。有些人不知道怎么用手动相机，因为自动功能已成为标准预期。

便利价值

正如我在前面提到的，便利、简单和可靠正在成为极其重要的价值。这尤其适用于服务领域，现在有些手续复杂得令人无法接受，即使是入住酒店这样简单的事情也显得过于复杂。

黄色思考帽和绿色思考帽

价值制造需要白色、绿色和黄色思考帽的组合。白色思考帽用于获取一般信息，让人们找到一些对该领域的感觉。但是，不要指望信息能够替代思考。

激发创意的绿色思考帽鼓励人们提出一些宽泛的概念，然后继续提出具体想法将这些概念付诸实践。这是个探索和猜测的过程。我将在题为"严肃的创造力"的章节中讨论创造力的原则。

黄色思考帽对价值制造极为重要。通过黄色思考帽我们能得出"积极的、逻辑的"框架。在黄色思考帽模式下，我们聚焦一件事情能带来的好处。

想象一个人几乎完全瘫痪在床，只有一只胳膊能动。积极思考的黄色思考帽可以在这种情况下发现什么价值？

这个人动弹不得，这当然很糟糕。但他的人生并非没有价值。今天，电信和计算机网络高度复杂，有一个人能始终守在一个节点上具有很高的价值，这个人不会去加勒比度假，也不会花几个小时吃午饭。给多少钱都不会有人愿意像这个瘫痪的人一样一直守在岗位上，这就具有很高的价值。从瘫痪者的角度来看，其中的好处更大。这个人现在可以有一份全职工作，薪水不错，能与外界接触，也可以结交朋友。

在价值制造的每一个阶段，我们都要停下来问问这样做有什么好处，对谁有好处。这种时刻往往会出现一些概念的影子，然后可以再专门去发展这些概念。

≫ 人与价值

没有人就谈不上价值。价值是为人带来利益或为利益开辟可能性的东西。价值不会像浮云一样悬浮在空中，它们必须依附于人。创造价值需要不断提出问题。

- 谁会因此受到影响？
- 谁将受益？
- 谁会感到不便？
- 人们会产生什么感知？
- 短期和长期的直接影响是什么？
- 这个价值是否会被注意到，会成为讨论话题吗？
- 有无让这些价值变得不同的特殊情况？
- 是否对一些特殊人群有价值？

正如我之前所讲的，购物者有不同的目的，有必要去一般化，不能只看平均情况，要具体到个人。平均值只是一群生活在不同环境、品味和需求都不同的人的组合。每个老师都知道或者应该知道班上没有"平均水平"的学生。老师知道聪明、守纪律、懒惰、精力充沛、爱捣乱或无聊、问题家庭等特征可能会以不同的组合表现在不同的个人身上。

关键是要承认个体差异为价值的来源,但又不能让它小到无法形成一个让零售商感兴趣的市场。商店里有大量的专业杂志,也有价值1亿美元的咀嚼烟草的市场。

价值的本质

一些价值是有意创造的,另一些价值自然而然就产生了。在问到客户愿意使用自动取款机还是接受面带笑容的人工柜员的服务时,大多数调查显示他们不喜欢使用自动取款机。而设立了自动取款机之后,许多人发现他们更喜欢用自动取款机,即使人工柜台没人排队时也是如此。

对于那些并非有意创造,但就这么出现了的价值,我们需要能够快速识别并接受。

多重价值

你开了一家餐厅,面向山谷,美景配美食,美食评论家评价很高，餐厅备受追捧。在此用餐能遇见大咖，也能被他们看到。住在附近的一位著名电视明星偶尔也会来用餐。这些都是餐厅的多重价值，都是加分项。但也有一个风险，即来用餐的客人期望值会很高，任何一个环节达不到期望，如洗手间不够干净，都可能让客人立即大失所望。

聚焦价值

码头边有一家小餐厅仅凭一道菜就出了名。去那吃饭的人必点美味至极的辣酱蟹，很多人专程去吃这道菜，但餐厅环境很一般。

另外一家餐厅出品尚可，氛围也还行，出名的原因只有一个：老板说话很直，对顾客可能很不客气。有些人比较自虐，喜欢这种风格，这让他们觉得自己受到了关注。

众所周知，很多小咖啡馆通宵营业。因此如果有人在其他餐厅都打烊之后需要用餐，他们知道可以去哪里。

所有这些例子都体现了成功的聚焦价值。

副产品价值

有家餐厅经常被财经记者光顾，他们在那里互相交谈，交换八卦信息，可能想知道自己听到的传言是否属实，甚至可能想看看是否有其他人知道自认为已经掌握的独家新闻。

在另一家餐厅用餐可以看到一家大型玩具店的入口，想做研究的话，可以在此观察到什么样的人会在午餐时间进入商店。

这些例子揭示的是可能会或可能不会让一家餐厅成功的副产品价值。

是应该专注只设计一个强大的价值，还是应该尝试创造尽可能多的价值？这个问题不好回答，因为它在很大程度上取决于实地情况，以及你是否要提供新产品或服务。如果价值不高，即使卖点再多，加起来也不会形成巨大吸引力。最佳策略可能是集中设计打造最重要的价值，其他的只要不削弱核心价值，就慢慢去加。与其他所有设计方面的实践一样，有些东西必须有，有些东西必须避免，有些东西要能提供特殊价值。

价值制造与任何其他设计过程没什么不同，都需要了解材料、方法和客户。

第 11 章
价值符号

我打算在本章提出一套简单的"价值符号"。我认为未来我们在感知复杂信息和关系时,将是通过视觉模式而不是数字。简单的数学图表和饼图这些传统方式是朝着这个方向发展的一个阶段。

使用视觉符号是为了给人一种直接印象,也便于说明问题和进行比较。

我们把价值(value)中的"V"拉出来并逐步放大(图 11.1),然后向右 90 度,用来表示产出价值。然后可以添加一个箭头来指示产出方向,但没有必要一直使用箭头。

将"V"向左转 90 度表示投入价值,也可以用小箭头指示投入方向。

把两个 V 放在一起,就有了一个简单的投入/产出系统。价值从一边投入,从另一边产出[1]。

---

[1] 这里提出的符号版权专有,未经书面许可,不得在任何书籍、课程材料、软件、电子媒体或任何其他类似设备中使用。

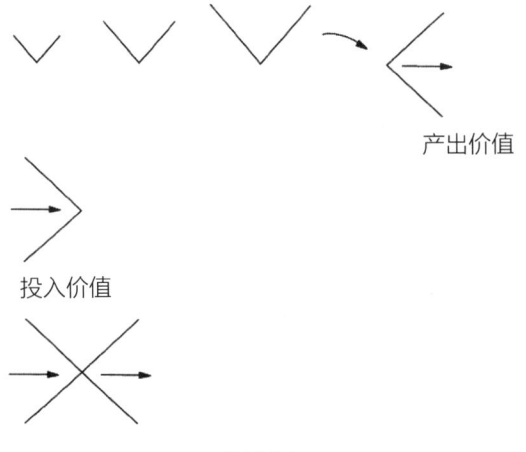

图 11.1

工业社会生产出了可以用压电火花点燃的炉灶，让做饭更加方便。我同意哈佛大学商学院教授罗莎贝思·莫斯·坎特（Rosabeth Moss Kanter）的观点，即所有产品都是提供服务的方式。

在投入端，炉灶的生产需要大量投入（原材料、钢材、装配、涂层、研发、设计、测试）。在产出端，用户得到了炉灶的价值。

因此，我们可以将炉灶放置在投入和产出之间（图11.2）。炉灶的生产有投入，经过生产过程后产出了炉灶的功能和使用价值。

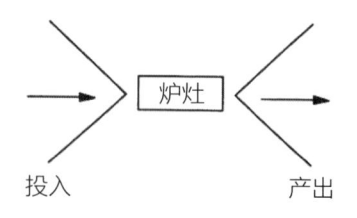

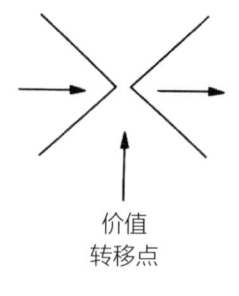

图 11.2

　　这是对商业和工业生产过程的高度简化。当然，以后在图表中可以删除炉灶，假设生产者和消费者之间存在一个价值转移点。

　　但是投入的价值是什么？从生产者的角度来看，这是成本。生产炉灶要用钱，要发工资，要买材料，但不是直接用钱来生产炉灶，钱是用于购买工人的技能和时间或是用作能源的石油等其他价值的价值。

　　如果一个人工资不变但付出了两倍的努力，那么即使投入端的金钱价值没变，投入价值也会更大。

如果石油价格翻倍，那么资金投入也翻倍，但能源价值投入保持不变。

我建议将金钱价值和所有非金钱价值分开讨论。金钱价值用虚线表示，非金钱价值用实线表示（图11.3）。

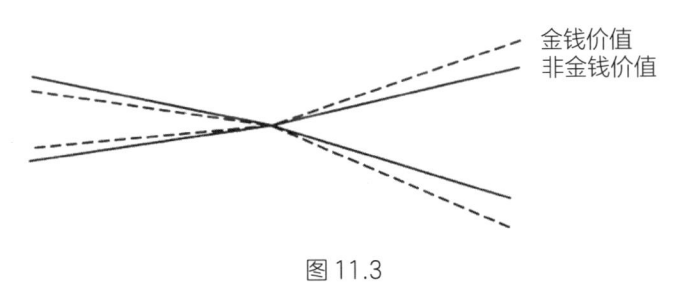

金钱价值
非金钱价值

图11.3

产出端的金钱价值代表生产者从炉灶销售中赚到的钱。产出端的非金钱价值是炉灶对购买者的价值，现在就可以将金钱价值和非金钱价值的投入与产出相比得出一个值。

这个比值的相对大小由 V 的开口大小来表示。V 开口更大意味着价值更高（图11.4）。如果金钱价值的投入与金钱价值的产出完全相同，就没有利润，生意就不好，如图 11.5（a）所示。

然而，如果非金钱价值产出大于非金钱价值投入，如图 11.5（b）所示，那么现有的运营基础不赚钱但能提供比投入更大的产出价值。如果产出价值不大于投入价值，那这个运营基础就碍事了。

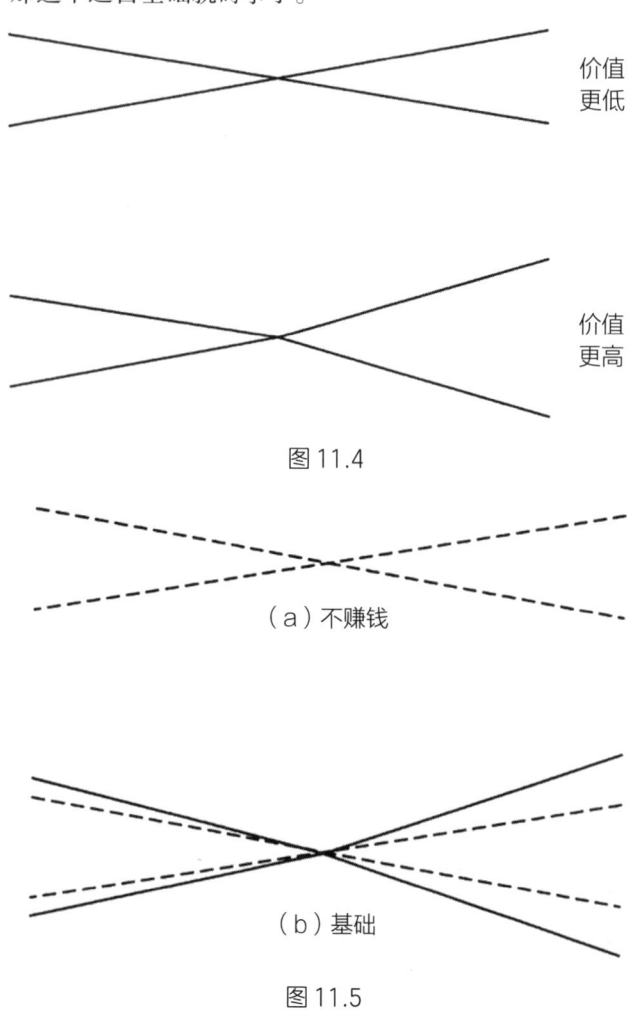

价值更低

价值更高

图 11.4

（a）不赚钱

（b）基础

图 11.5

以下我将金钱价值简称为金钱，非金钱价值简称为价值。

金钱投入有大有小，金钱产出也有大有小，价值投入和产出同理，如此就可以得到 16 种不同的组合。

价值符号

在这 16 种可能性中，只有 4 种情况，即图 11.6（b）~（e）是赚钱的，因为金钱产出大于投入［图 11.6（a）］。

图 11.6（b）显示的情况中，价值产出远小于投入。想要赚钱只能提高定价（提供的价值低于收取的费用）、降低工人工资或提高生产力。无论如何，商业概念一定是非常糟糕才需要降低投入价值。这是 4 种可能性中最坏的一种。

在图 11.6（c）中，投入价值等于产出价值，因此没有增加生产所需的要素。这种情况之所以能赚到钱，是因为投入价值的成本没有增加，可以通过提高生产力、降低工人工资或利用义工来实现。

图 11.6（d）显示工人工资没有被压低，该出的钱都出了，企业赚了钱，但这只是因为产出价值定价过高。投入价值没有增加，与产出价值相同。

图 11.6（e）是唯一真正令人满意的状况。商业概念

好，可以增加价值。没有过高定价，工人也得到了应有的工资。但话说回来，提高生产力可以将投入的金钱减少到低于输入价值的水平，因此即使是这样令人满意的情况也仍有改进空间。

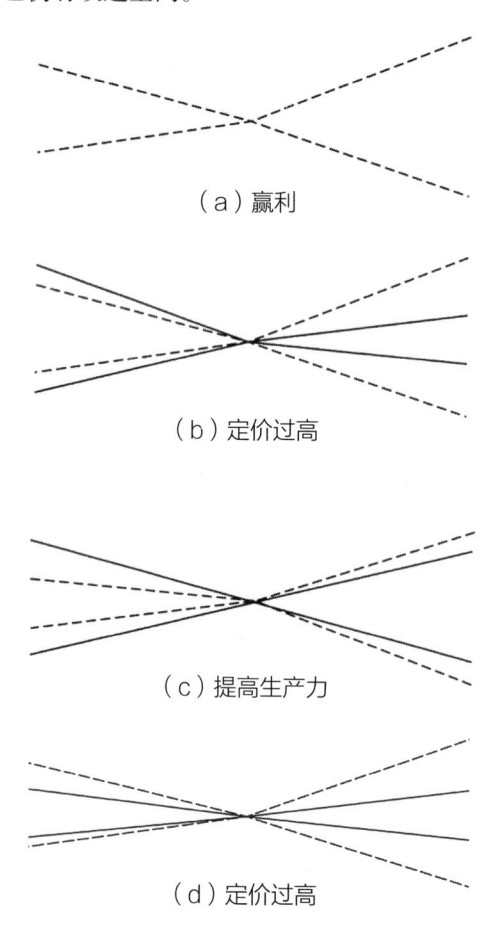

（a）赢利

（b）定价过高

（c）提高生产力

（d）定价过高

（e）良性发展

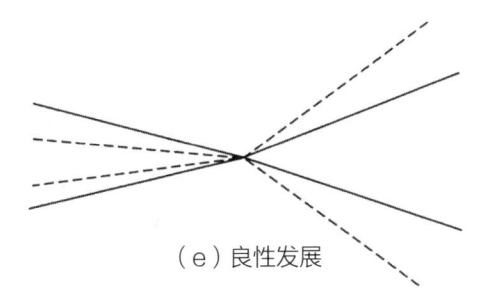

图 11.6

在图 11.7 中,从（a）到（b）的变化显示了裁员的结果。投入成本降低了,但投入价值也降低了,除非一开始就人员冗余。这样一来产出价值也会减少,除非定价过高,否则收入就会减少。

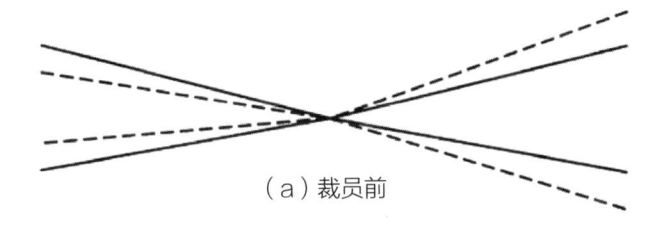

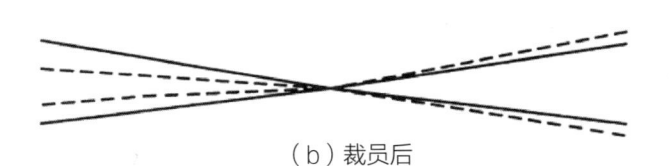

（a）裁员前

（b）裁员后

图 11.7

图 11.8 中的（a）到（b）的变化显示了培训或生产工艺技能提升的效果，随着收入的增加，可以降低投入成本，员工数不变也可以增加产出。

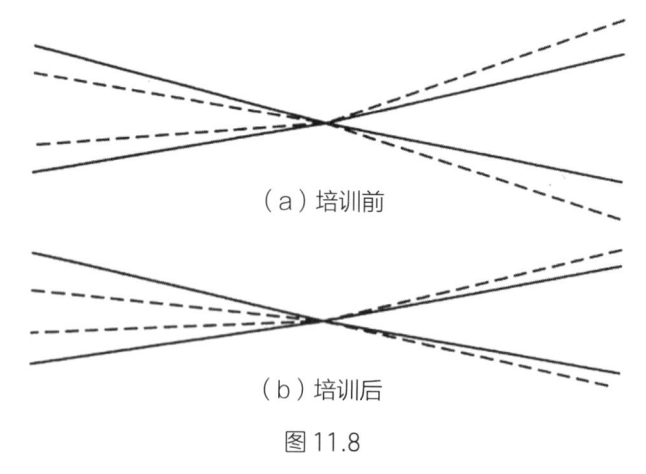

（a）培训前

（b）培训后

图 11.8

图 11.9 显示的是在垄断情况下的结果。由于效率低下，投入成本高于产出价值。产出收入来自大于交付价值的垄断定价。

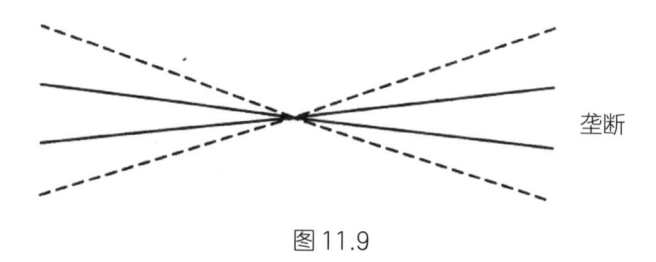

垄断

图 11.9

图 11.10 显示的是一场慈善筹款活动，投入成本很低，因为大部分投入价值是由志愿者无偿提供的。产出收入高，但价值低，因为活动的目的只是筹集资金。

慈善筹款

图 11.10

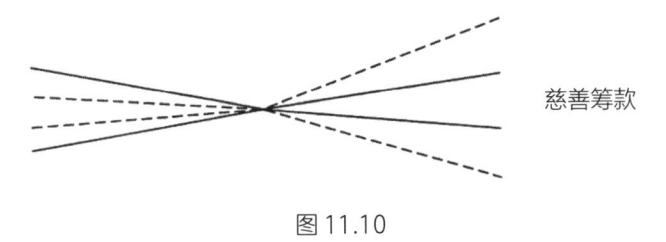

图 11.11 中的（a）到（b）的变化显示了一次不成功的收购。收购完成后投入成本（债务费用等）有所增加，但产出价值和收入却没有变化。

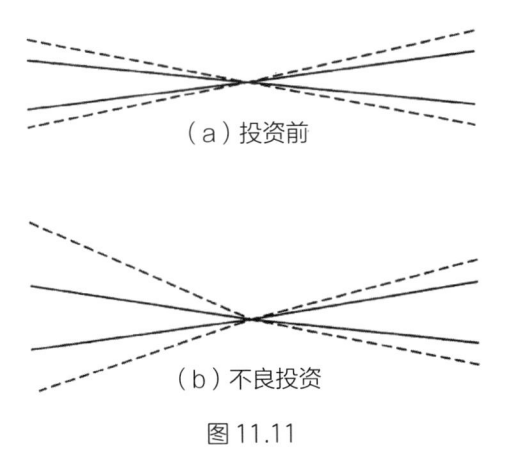

（a）投资前

（b）不良投资

图 11.11

图 11.12 显示了英明投资的效果。最初的投入成本增加了，但最终带来了更大的投入价值，产出价值和收入最终都有所增加。

（a）投资前

（b）英明投资

图 11.12

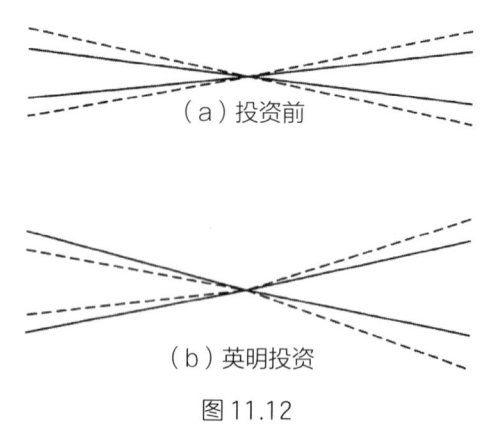

图 11.13 显示的是定价过低的情况。概念不错，所以产出价值大于投入价值。虽然收入大于投入成本，但价格低于实际提供的价值。

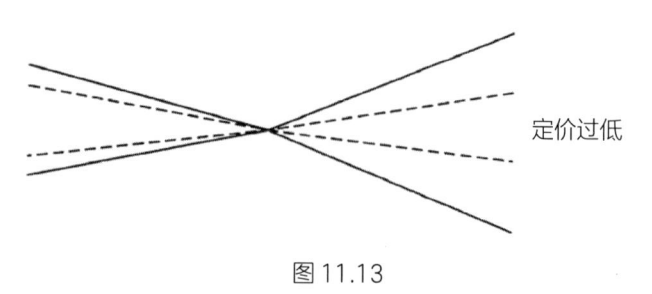

定价过低

图 11.13

图 11.14 中从（a）到（b）的变化显示了新概念的效果。成本保持不变，但产出价值增加了。随后可以提高价格以匹配提高的产出价值。在实践中，任何新概念都可能需要增加成本。因此，可以看出，新概念与任何其他投资相同。不同的是增加的成本要低得多，但风险可能要更高。

产出价值不一定仅仅取决于投入价值，可能会受到具体情境的影响。头痛时需要服用阿司匹林。一个被锁在房间里的人要的是能开门的钥匙。洪水泛滥时需要的是一艘船。炎炎夏日会渴望来上一杯冰饮。

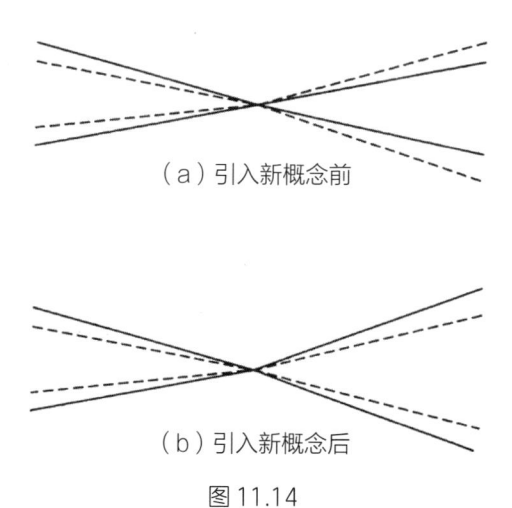

（a）引入新概念前

（b）引入新概念后

图 11.14

图 11.15（a）显示了环境对产出价值的贡献，由阴影区域表示。金钱产出可能保持不变，或者可能会提价以利用意外的机遇。无论如何，销量都会增加。

图 11.15（b）显示了相反的情况。恐怖主义威胁让航空出行减少了 20%，航空公司的成本没变，但产出价值降低了，价格可能不会降低，但上座数会降低。

（a）意外机遇

（b）遭到恐怖主义威胁

图 11.15

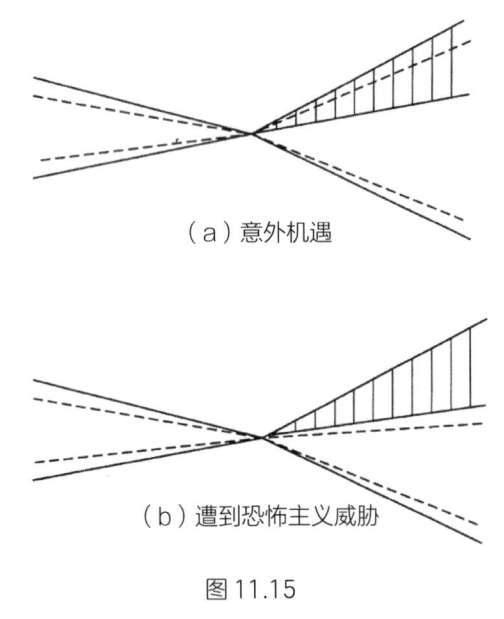

图 11.16（a）显示了采用优质或高价竞争路线的情况。投入成本很高，但投入价值也高。产出价值高，价格非常高，因为优质产品客户对价格不敏感，还必须要

赚得足够的利润来支付广告和其他成本。

图11.16（b）显示的情况是采用最低成本的竞争路线。投入成本和质量都降低了。产出价值下降，价格进一步下跌。只有销量大幅增加时，该策略才有意义。一般的投入/产出图上通常不会显示销量，但在这里用产出侧最外面的虚线来显示（标记为"销量"）。

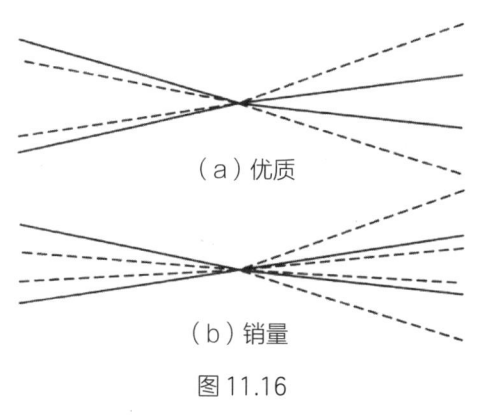

（a）优质

（b）销量

图11.16

总产出价值可以以图解方式来拆分，如图11.17所示，可以标出不同因素的假定贡献度。

```
        销量
    ←   利润
        垄断
```

图 11.17

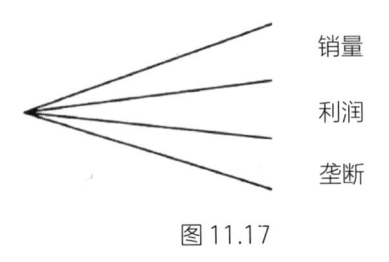

如图 11.18 所示，成本或投入的资金也可以划分成不同的部分。例如，在医疗保健行业中，人员成本可能高达 80%，药物成本约为 7%。

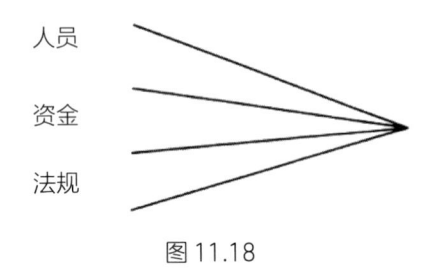

```
人员
资金    →
法规
```

图 11.18

这里的价值符号表示的是金钱价值（成本和收入）与非金钱价值之间的变化关系。该符号系统还能表示投入和产出之间的关系。这些基本符号既可以作简单示意，也可作复杂分析。像所有符号一样，这对提供思考框架很有帮助，可以很容易挑选出比较点和关注点，说明有哪些变化及希望发生什么变化。

第 12 章
严肃的创造力

>> 重新看待创造力

毫无疑问,创造力是最重要的人力资源。没有创造力,就没有进步,人类将永远原地踏步。

1989 年,在我受邀主持的一次诺贝尔奖获得者会议上,只有一位与会者认为他是通过系统分析取得了突破,在其他人的研究中都有创造性的洞见。事后看来,传统上总是将这些创造性的飞跃包装成循序渐进的逻辑推理过程。在交流时这样做是必要的,但任何研究过科学史的人都不会被表象所迷惑。

如果创造力如此重要,而且几乎每家公司都声称自己富有创造力,为什么我们没有更认真地对待它呢?主要原因有几个:

其一,每一个有价值的创意回过头看都必须合乎逻辑,否则,我们就无法认识到它的价值。所以我们就以为只要逻辑更强大，本身就足以让我们最终获得创意。这在形成模式的自组织信息系统中完全说不通。由于只有不到0.1%的思想家或教育者对自组织信息系统的性质和功能有所了解，大多数人仍然认为有逻辑就够了。

其二，我们认为新的想法确实会不时因变化或特殊情况结合在一起而出现。我们认为这种情况永远纯属巧合，除了顺其自然，我们无能为力。

其三，我们认为有些人似乎很有创造力，而其他人则不然。我们相信有一种神秘的创造力天赋，就像完美的音准一样，有就是有，没有就是没有。除努力寻找和聘用这种有创造力的人外，企业无能为力。

其四，我们还没有开始理解创造力，还没有弄明白是怎么回事。试图通过分析人们产生想法的过程来理解创造力毫无用处，因为它不会告诉我们有关创造机制的任何信息。

其五，有一个危险的错误观念，即释放创造力最好的办法就是打破束缚，让人们尽情发挥。这是头脑风暴等效果不强的传统方法的基础。这样的方法让创造力看起来很疯狂，非主流，对创造力的发展造成了极大的损害。

其六，我们认为艺术家、广告商、设计师、包装企业和产品开发者需要创造力,但工程和金融等严肃的领域只需要分析。

出于以上这些原因,我们一直没有认真对待创造力。那现在的情况有所改变了吗?变了很多。现在我们可以以全新的方式看待创造力。

1. 在人类历史上,我们第一次开始了解被动信息系统与自组织主动信息系统之间的区别,前者信息由处理器处理并传输,后者信息将自身组织成序列和模式。这并没有什么神秘之处。神经网络作为自组织系统的运作方式非常简单。我在1969年写的《思考的机制》一书中提出了这些方法。那本书中提出的想法被许多人借鉴,也得到其他人的进一步发展。如今,那些想法被纳入主流,并且有一些专门研究它们的数学课题。默里·盖尔曼(Muray Gell-Mann)教授(因发现夸克而获得诺贝尔奖)曾经告诉我,我书中所讲的内容比那些数学家研究的课题早了至少八年。在我的一本书《我对你错》中的一章里,我对这些想法做了更新。

一旦我们了解了自组织系统创建不对称模式的方式,就能理解为什么每个有价值的创意事后看来都是合乎逻辑的,就可以开始设计展开水平思考所必需的强大创造力工具。创造力是一个逻辑过程,但它是自组织系统的逻辑,而不是传统被动系统的逻辑。

2. 通过参考自组织系统的行为,我们现在可以理解为什么新想法会被偶然事件、错误或意外所激发,就可以采取相应的行动。我们可以开始有意识地利用这个过程,而不是静待花开。

3. 如果我们在创造力方面什么都不做,那它仍将被看作是天赋使然,这一点是显而易见的。既然我们已经开始对创造力有所了解,并开始设计特定的工具,就可以在创造力方面做点什么了。我们可以把创造性思维作为一种技能来培养。对于那些确实有天赋(富有驱动力、好奇心、爱推测)的人,专门设计的工具将加强他们的天赋技能。我写完第一本关于创造力的书后,我没想到会有那么多真正有创造力的人写信给我表达感激之情,说他们发现这些方法非常有帮助。对于那些从不认为自己具有创造力的人来说,这些工具为发展创造力提供了一个合乎逻辑的方法。

那些擅长传统逻辑训练的人一旦明白了创造力的特点,就能发挥出创造力。事实上,比起过去通过拒绝公认方式获得创造力的传统反叛者而言,他们可能还更擅长创造，这就是日本人在创造力方面变得更好的原因。20世纪70年代初，我在日本出版的第一本书人均销量超过了埃利奇·西格尔（Erich Segal）的《爱情故事》（*Love Story*）在美国的人均销量。

4. 现在我们不仅可以分析那些有创造力的人的行为，还可以研究大脑信息系统的基本原理，并在此基础上设计创意工具。

5. 人类大脑的主要功能不是创造，而是把传入的信息组织成模式，然后加以利用。因此，靠打破束缚发挥创造力的传统方式是不够的。打破束缚能产生一定的创造力，但这种方法不够强大。为了产生严肃的创造力，我们必须更进一步，使用与大脑所习惯的处理信息方式背道而驰的非自然方法。激发之类的方法（将在后面讨论）完全不是顺其自然。头脑风暴的传统过程聊胜于无，但它产生的创造力太弱了。

6. 我们现在知道，如果需要思考，不管是什么问题（即使是最技术性的问题），都绝对需要新概念。大脑只能看到它准备好看到的东西。信息分析不会产生新想法，除非我们已经通过创造力的过程在大脑中开始产生新想法。正是创造力产生了假设和推测，让我们能够以不同的方式看待事物。

正是出于这些原因，我现在更喜欢用"严肃的创造力"这个词。这是为了区分两种情况：一种是基于对自组织信息系统的理解的创造力，另一种是基于灵感、寄希望于误打误撞的创造力。严肃的创造力要展现出逻辑和创意，而不再是一个谜。乍一看，"严肃"一词搭配创造力似乎很矛盾，因为我们一直认为创造力难以捉摸、缥缈不定、离经叛道。这种看法阻碍了我们发展有意识的创造力，是时候跨越这种阻碍了。

我曾经希望将那些开始意识到自己需要严肃的创造力的公司汇聚一堂，正是出于这个愿望我成立了国际创造力论坛，创始成员包括 IBM 公司、保诚公司、杜邦公司、默克公司、雀巢公司、英国航空公司和健力士公司（Guinness）。

>>> 在组织中利用创造力

在组织利用严肃的创造力有两种方式：

1. 作为组织中每个人通用思维技能的重要组成部分。在车间，需要通过严肃的创造力让品质控制、工序改进和成本削减建议等流程更有效。创造力不仅能提供切实的想法，而且是一个很好的动力，让人们思考他们在做什么。

创造力是全面质量管理和所有成本削减活动的重要组成部分。分析只能起到一定作用。替代做法和新想法十分必要。解决问题的人非常需要创造力，特别是在问题的原因无法消除、并且必须设计前进的道路之时。改进效果在很大程度上取决于有多大创造力，尤其是对连续小步骤的改进。

包括首席执行官在内的高管层必须参与到与发挥创造力相关的工作，委托他人是不够的。以我的经验，高管必须了解严肃的创造力的逻辑和方法。创造力是思维的一部分，不能把这一部分单列出来说是别人的事。

2. 在战略、研究、产品设计、市场营销、劳资关系、财务和生产方法等具体领域也需要聚焦创造力。在这些领域，为了解决问题或创造机会，需要不断推陈出新。仅依靠经验、信息和分析就像依靠一辆只有三个轮子的汽车。

永远不要认为想法已经够多。新想法永远不嫌多。如果确实有很多，则需要创造性地从这些想法中获得价值。

有时专业部门的人需要很大的创造力,但他们却很自满,甚至傲慢自大,觉得自己无所不知,才华横溢,而这种傲慢通常没有根据,有人忙得一刻不得闲不代表他就有很多好主意。

起初,工程师和科学家认为创造力在他们那些由事实和物理定律决定的领域用不上。但一旦这些人看到了严肃的创造力的逻辑,他们就会意识到创造力在数学上必不可少。我曾经在明尼阿波利斯(Minneapolis)的3M公司研究部门给1200名博士做过一次演讲。8年后,一个朋友告诉我,3M研究部门负责人告诉他,那次短短90分钟的演讲对他们的研究产生的影响大过他们做过的任何事情,这正是因为我强调了严肃的创造力的逻辑。

▶▶▶ 有用吗?

1975年,我在佛罗里达州博卡拉顿(Boca Raton)国际青年总裁组织(YPO)的国际学院做了一次关于水平思考的演讲。主持人是彼得·尤伯罗斯(Peter Ueberroth)。活动结束后,他对我说演讲引起了他浓厚的兴趣,让我帮他的旅行社福斯特带你游天下(Ask Mr. Foster)做一些水平思考的讨论。

九年后,有人给我发来从《华盛顿邮报》(1984年9月30日)上剪下来的一段采访记录,采访者问尤伯罗斯洛杉矶奥运会为何会如此成功,他是怎么想出那些新点子来的。尤伯罗斯回答说他采用了水平思考,接下来讨论的全部以此为主题。

1980年,由于历届主办城市的经济损失巨大,没有城市愿意承办奥运会,这一盛事面临停办危机。截至1991年,蒙特利尔市仍未偿清承办1976年奥运会所欠的债务。洛杉矶愿意承办,是因为尤伯罗斯和他的团队保证不用洛杉矶政府的公款出钱。最终,1984年的洛杉矶奥运会实现利润2.25亿美元。如今,世界各地的城市都想举办奥运会。

在美洲杯帆船赛(The America's Cup)150年的历史上,美国多次获得冠军,连胜纪录在1983年被打破过一次。两年前,在澳大利亚墨尔本的一次酒会上,一个人向我走来,自我介绍说他叫约翰·伯特兰(John Bertrand),是1983年澳大利亚队夺冠队伍的队长。他对我说在他看来,他们获胜的原因是在比赛的各个方面都运用了水平思考,特别是在获胜赛船龙骨的创新设计方面。

杜邦公司的大卫·坦纳（David Tanner）也讲述过成功运用水平思考的故事。历经几次水平思考讨论之后，他们在产品开发方面节省了3000万美元。在前面我已经讲过保诚集团的巴巴罗如何利用水平思考来发展"生活福利"概念的故事。

这样的案例举不胜举。所有这些成功故事都归功于相关人员的积极主动和领导力。没有这样的技能，就不会有这些成就。正是在四处寻找发展新概念的方法时，这些才华横溢的人发现水平思考的态度和技巧非常符合他们的需求。

发展严肃的创造力需要四个条件：

1. 主动。
2. 态度。
3. 专注。
4. 技术。

每个人都知道，新想法的实施比想法本身更重要，我也知道，现在我正在运用严肃的创造力，我认为一个组织需要新的想法，并愿意加以实施。

≫ 主动

比起有创造力的人，没有创造力的人缺的主要是主动性，也可以称为好奇心。有主动性的人愿意花时间寻找替代方案，愿意在显而易见的选择之外寻找其他可能，会去关注其他人认为理所当然的事情。他们喜欢创造性思维几乎就是为了享受这个过程。

其他人需要先看到创造力的必要性、逻辑和价值才能获得动力，他们还需要感觉自己可以胜任需要做的事情。

我们一定要相信发挥创造力能带来无限可能。视野仅限于解决眼前问题的思考者通常无法想象有更好或不同的想法。对于将管理视为日常维护的高管而言，创造力是额外的麻烦。

随着组织中文化的改变（得到高管层的认可）、对严肃的创造力的逻辑的了解、培训以及建立明确责任和激励措施的结构性改变，主动性的程度可以随之提高。

绿色思考帽是为创造性思维腾出时间和空间的一种非常简单的方式。如果有人特别提出要使用绿色思考帽，那他想听到的是新的想法。在会议期间要求留出一段绿色思考帽时间，让那些想要发挥创造力的人发言，并让消极思维者暂时不表态。

态度

态度部分来自主动性，部分来自水平思考技巧的实践。

有挑战的态度如下：

- "为什么要以这种方式来做这个呢？"
- "我们为什么要做这个？"
- "看看这个，真的需要做这个吗？"

有询问可能性的态度如下：

- "还有其他选择吗？"
- "还有哪些可能性？"
- "还有什么其他解释吗？"

有激发的态度如下：

- "这似乎是一个疯狂的想法，不过我们还是看看吧。"
- "这个想法有一些有趣的地方。"
- "我不喜欢这个主意，但它能激发别的想法。"

有提醒需要专注的态度如下：

- "咱们来专注这个问题讨论一下。"
- "我们在这里真正想要做什么？"
- "我们以前从未讨论过这个，现在来看看。"

所有这些态度都基于这样一种信念，即发挥创造力和进一步的思考可以带来不同的结果。它们还基于这样一种信念，即现在做事的方式不一定是最好的方式，而只是一种随时间演变而来的特定方式，是一种可以改变的方式。

对创造力的态度，愿意尝试是关键，真正重要的是努力发挥创造力的过程。尝试之后，结果会随之而来，不一定这次或每次尝试后都会有结果，但时不时会有。我们的目标是尝试，做出努力，投入时间思考。

对创造力的态度在很大程度上由企业文化决定。如果首席执行官表现出对创造力感兴趣，那么整个公司都会动员起来。如果创新活动被认为是一件相当次要的事情，仅限于研发和营销部门，那么企业就不会有太多创新的尝试。

所以企业对创造力的态度其实只有两种态度：

1. 高管、其他管理人员和个人对创造力的态度。
2. 在探讨可能性、工作、问题和其他人时对创造力的态度。

专注

如果我在研讨会上让一屋子的高管列出他们面临的问题，他们能轻松写出五个、十个，或要求写多少他们就会写多少。正如我在解决问题的章节中所提到的，高管知道组织内存在哪些问题。问题不需要去找，通常会自己冒出来。有问题就必须解决。许多问题确实需要创造性思维，但也有其他并没有问题的领域需要创造力，这些是从未讨论过的领域（因为它们不是问题所在），但在这些方面改变想法可能可以带来节流或增效的结果。

我强烈推荐创建一个"创造力列表"，让创造力需求变成切实目标。这个列表应正式列出有创造力需求的领域，存在问题的领域可能不会过半。该列表可以印在内部刊物上、张贴在布告栏上，或者印成可以放在口袋里的卡片。

创造力列表的内容可以从个人提交的建议中提取，然后浓缩成一个主列表。或者可以专门成立一个小团队，通过征询各方意见整理出需求列表。小组、部门或整个组织都可以创建创造力列表。列表上的需求应该比较具体，而不能是"如何提高利润？"这样笼统的问题。

列表中可以有三种类型的需求：

1. 具体问题：
如何让油漆更快干燥？
2. 改进方向：
可以加快销售信息的传递吗？
3. 一般领域需求：

让我们在包装领域提一些新想法。

列表上的内容可能会被更好的内容所取代。其他需求可能存在多年而我们没有产生任何想法。有些内容可能会从列表中删除,因为已经有了足够多的好想法需要跟进。

个人可以在列表内容上发挥他们的创造性思维。

正在考虑其他问题的小组可以时不时地花点时间来考虑一下列表上的某个需求。

可以建立专门的小组对列表上的需求展开创造性思维。

列表可以用于开展创意培训,个人可以利用列表来练习他们的水平思考技巧。

可以通过要求部门负责人整理需求列表来将创造力活动引入这个部门。如果负责人做不到,可以提供帮助一起整理列表。一旦列表建好,就可以不时地查询进展。有没有产生任何想法?做了哪些努力?这个时候可以提供水平思考的专门培训。对创造性思维的需求是首要的,而这种需求是由创造力列表定义的。

尽管列表可能看起来很简单,但找到专注领域并加以定义本身就有很大的意义。有人把这个过程叫作"问题发现",但该术语具有误导性,仅用于与解决已出现问题的过程进行对比。

创造力列表一旦创建好,既是挑战也是机遇。想要发挥创造力的人现在有了明确的关注点,可以开始展示他们的技能了。

≫ 水平思考技巧

现在我们开始主动发挥创造力。已经有了正确的态度,还定义了需要创造力的具体领域,万事俱备,只欠新想法。接下来该怎么做呢?

假设我正在与施乐集团的人进行讨论,专注点是"一般领域"类型的需求,我们希望在复印机使用便捷性这个一般领域中获得一些新想法。

我们使用了随机词技巧,这是所有创造力技巧中最简单的一个。我在大约二十年前开发了这个技巧,自那时起很多人在实践中运用过,但大多数人不知道它的逻辑基础。我稍后会讲到这一点。

看一眼手表,假如秒针读数为17。从一个由60个词组成的列表（列表经常更新）中选择第 17 个，这个词是鼻子。

显然，随机词鼻子与复印机毫无关系，也不是因为有关联才被选中。这就是激发的关键。

鼻子与气味有关。气味与复印机又有什么关系？没有，暂时还没发现。气味只是一种指标。

讨论中突然出现了一个想法。如果复印机停止工作了，能否只需闻一闻气味而不用检查指示灯和各个按钮就能发现问题。如果说你闻到了薰衣草味，则说明复印机缺纸。如果闻到樟脑味，那就是复印机的碳粉用完了。从技术上讲，这很容易做到。可以在不同的部件中放入含有不同气味的储气管。当特定电路被激活时，对应的气味会被加热并释放，储气管可以直接插入复印机。现在只要闻一闻气味就能知道问题出在哪里。

用气味来判断问题所在的额外好处就是不必一直守在复印机前。如果你坐在办公桌前闻到了薰衣草味，那表明需要去给复印机添纸了。对于经常缺纸的传真机来说，这个创意可能更为重要。气味可以在纸张快要用完时释放出来。

这里的一般概念是使用气味作为指示系统。也许我们可以在汽车里用上气味。如果汽车启动不了，就要开始抽抽鼻子了！

在另一次讨论中，一般领域的主题是香烟。随机词是红绿灯。十秒之内，就有了一个想法，即在距离香烟嘴一定距离处加一圈红线。吸烟者吸到红线处便不再吸，这样可以减少吸烟的量，也就能降低一些吸烟的危害。吸烟者可以选择将红线移到他们想要的位置。事后看来，"红绿灯"（与信号、危险、停有关）能激发香烟红线的想法的原因相当明显。

从产品设计师到寻求新歌灵感的摇滚乐队，这种技巧现在被人们广泛使用。

它为什么有效呢？从逻辑上讲，这很荒谬。如果一个词真的是随机选取的，那么它与我们关注的主题就没有任何关系。没错。这么说用任何词都可以讨论任何主题。这也没错。这一定是无稽之谈。虽然在被动信息系统中这是无稽之谈，但在自组织模式系统中却完全合乎逻辑。

图 12.1 显示，你离开家时会选择常走的最熟悉的那条路。但是，如果你是搭顺风车回来，在离家较远的地方下车，那么你会通过一条从家出发时永远不会走的路

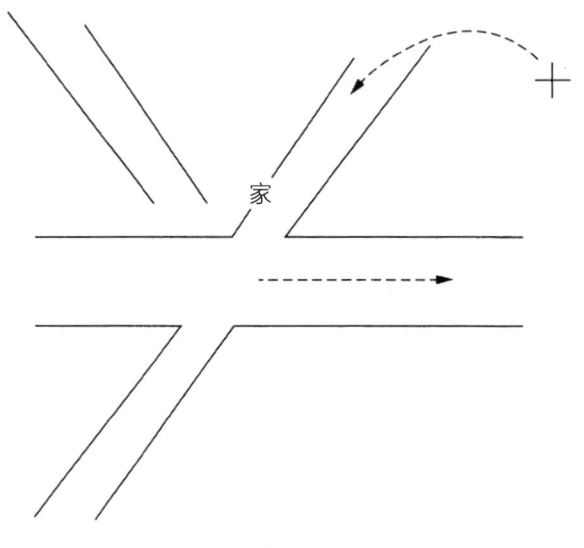

图 12.1

回家。严格来说,从外围出发与从中心出发的访问模式是不同的。这其中并无神秘之处。

人类大脑非常善于建立联系,无论你从哪里出发,都会回溯之前的路线,最终找到通向聚焦区域(家)的模式,但这不是你从聚焦区域向外走时会采用的模式。

因此我强调必须了解在大脑中运行的信息系统的类型,以便理解创造力,并设计简单可用的创造力工具。随机词是最为简单不过的技巧了。

》 不对称模式

图 12.2 是之前一章中用过的一幅图。自组织信息系统会设置模式，这些模式必然是非对称的。这意味着从 A 到 B 的路线可能是迂回的，但从 B 到 A 的路线是直线。前面提到过这些模式的设置方式在我其他的书中有所描述，此处不再赘述。

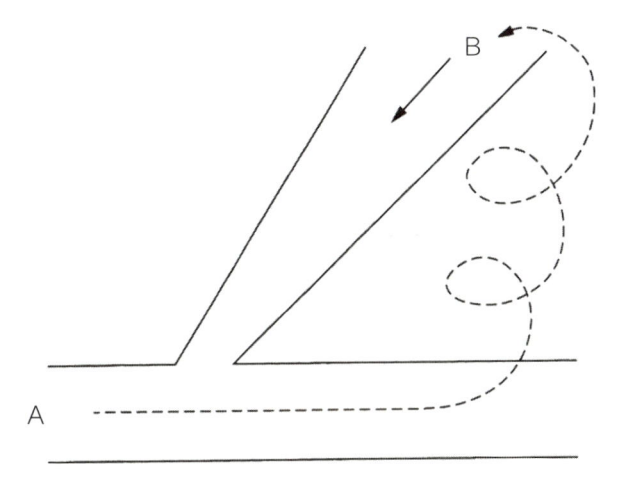

图 12.2

非对称模式是幽默和创造力的基础。在表现幽默和发挥创造力的时候，我们都会突然偏离正常的轨道，并能马上看到回到起点或焦点的路线。讲故事的人在表现幽默的时候其实就是突然把我们带上了一条岔路。在发挥创造力时，我们必须自己想办法去找不寻常的路。科学史上充满了偶然事件激发伟大思想的例子，比如牛顿坐在树下被苹果砸中的著名故事，这个小插曲激发了他将引力视为一种力的想法。

在图 12.3 中，我们可以看到如果从通常的出发点出发，我们的想法将遵循传统的 A 到 C 的轨迹。然而，如果我们从一个全新的点（N）出发，就可能会绕开寻常路，直接走回到 A。这就是产生洞见或"我找到了"的时

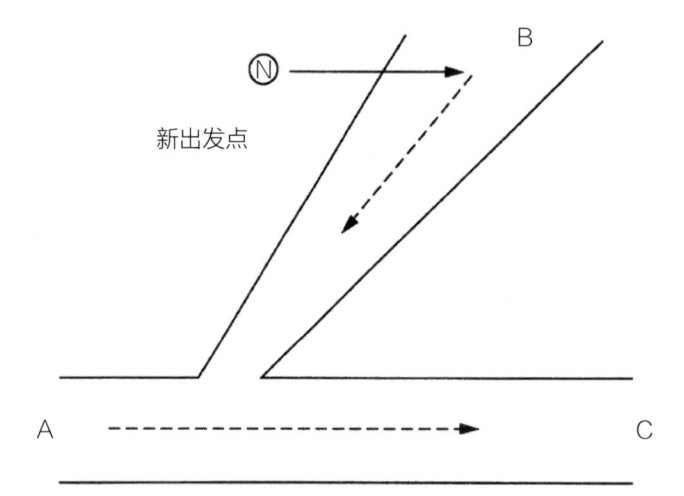

图 12.3

刻[①]。突然间，我们看问题的角度不同了。所以现在我们要么坐在树下等苹果掉在头上，要么使用水平思考正式的随机词技巧主动去摇晃一个苹果下来。随机词提供了新的切入点，不用这个技巧的话，可能就只能坐等树上掉苹果。

为什么非要依赖随机呢？因为如果让我们自己选择新切入点，这个选择将基于我们现有的想法，因此不会让我们获得一个随机的新切入点。在某些情况下，我们在讨论一个问题时，可以通过有意将注意力从一点转移到另一点来获得不同的起点。这个方法也有用，但随机词的应用更为广泛。

>>> 激发

有些话在说出口之前可能没有要说的理由。

这句话有违常理，说什么之前都应该有一个理由。

"警察应该有六只眼睛"或"飞机应该腹部朝上降落"，这样的话说出来有什么意义？完全是胡说八道。事

[①] 据说阿基米德洗澡时福至心灵，想出了如何测量皇冠体积的方法，因而惊喜地叫出："我找到了！"——译者注

实上，这些都是逻辑陈述，不过是模式系统的逻辑，而不是传统被动信息系统的逻辑。

图 12.4 显示了从主路走上岔路的一种方法是设置一个激发点，以其作为过渡位置，继续前进，走上岔路。

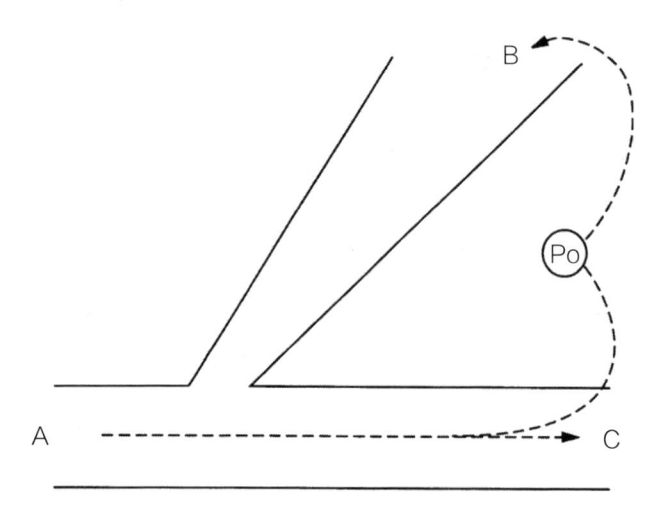

图 12.4

我发明了一个新词"Po"来表示激发。这个词永远不会在语言中得到进化，因为它是一个反语言的词，专门用来让我们说出从未经历过的事情，甚至在某些情况下永远不会遇到的事情。作为一个保护信号，"Po"这个词表明后面跟着的话是用来激发想法的，但说无妨。

假设是一个非常有用的概念，让我们可以猜测遐想，并根据新的想法来研究数据。科学的发展几乎完全归功于假设的发明（这是希腊最有用的发明，而不是辩论）。假设是人们尚未证明、但希望能证明其正确的想法。激发比假设迈出了更大的一步，都不必假设激发的内容是对的。

在化学合成和原子物理学中，如果想让一种结构转变为另一种结构，可能必须通过一个不稳定的中间态，然后才能稳定成新的结构。"Po"也有同样的效果。自组织系统总是会以某种方式稳定下来，这种方式可能不是最好的方式，因此需要去稳定化，以便在一个更好的状态下稳定下来。这个道理学数学的人都非常清楚。

激发的方法之一就是避开我们认为理所当然的想法。例如，我们认为出租车司机认路是理所当然的，所以我们就说："Po，出租车司机不认路。"

》 思维转向

显然，如果我们仅仅用传统的眼光来判断激发，那么激发的过程永远不会奏效。"Po，出租车司机不认路"这样的想法不会被考虑，因为传统上认为开出租车的司机不可能不认路。

许多创造性思维的方法都谈到延迟、暂停或推迟做出判断，但这样的方法不够强大。只是告诉一个人不要去做判断并没有告诉那个人该做什么。

我们需要发展一种积极的大脑运作方式，并有意识地、有针对性地加以利用。我把这种积极的大脑运作称为"思维转向"。

大脑运作的转向直接基于模式系统的"水逻辑"。这种转向基于方向：这要转到哪去，会导致什么？与基于是与否的传统判断形成对比。"这样对吗？""这符合我的经验吗？""这样不行吗？"

"Po，警察有六只眼睛。"很多年前，纽约市长办公室让我帮助解决的问题之一是警力短缺。由此激发出发，我们转向了增加警察眼线的概念，得到了个人可以充当警察眼线的想法。1971年4月，这个想法和其他想法构成了《纽约》（*New York*）杂志的封面故事。这个想法后来发展成社区守望计划，已在数千个社区推出。我相信《纽约》杂志的那篇文章是有关该计划的第一篇报道。

"Po，出租车司机不认路。"思维转向的过程让我们想到出租车司机可能会向乘客问路，由此带出了这样的概念，即非常熟悉道路的本地居民确实可以乘坐这种不太认路的司机驾驶的出租车。这就引出了两级出租车系统的概念,一级专门搭载本地居民(居民型出租车,在顶灯上亮出问号加以标识),而另一级供其他乘客使用(普通型出租车)。出租车司机只有通过城市知识考试才能从居民型转为普通型。

多年前,我曾在壳牌石油公司做了一次演讲。我提出的激发是应该在油井中采用水平钻井而不是垂直钻井系统。今天,这种新方法已得到普遍应用,与垂直钻井系统相比,采用水平钻井系统的油井的产量要高出三倍。当时我还建议用液压驱动钻头。在这种特殊案例中,激发的内容直接变成了创新概念。然而,在大多数情况下,激发只是让我们摆脱现有的思维模式,以增加我们成功横向运动到新模式的机会。

>>> 一点不疯狂

我在此描述的方法并不疯狂,但在模式系统中完全合乎逻辑。这些方法对于迅速改变观念至关重要。当然,我们可以等待通过错误、事故或偶然事件来激发我们做出改变,但也可以有系统地自我激发。我确实想特别强调一下,这不是简单地想到一个疯狂的点子就希望可能会产生什么创意的问题,这种创意方式让很多人望而却步。但是,一旦我们明白了水平思考模式能将我们带入新方向,我们就会开始理解有意激发的逻辑。具体和正式的技巧将在专门讨论严肃的创造力的书中详细描述。

第 13 章
概念设计

在前面的一个章节中,我提到过超竞争可以通过综合价值、严肃的创造力和概念研发来实现,但这么说并不排除其他途径,超竞争有时也能通过分析和利用产品价值来实现。

前几章已经讨论了综合价值和严肃的创造力,接下来将讨论概念研发。然而,在本章中,我想再谈一谈概念本身,因为我相信在未来,概念将成为超竞争优势和商业成功最重要的源泉。

我在这里所说的概念定义非常简单:"概念是一种实现目的并提供价值的做事方式。"

以车轮锁为例,其目的是遏制司机在市区违章停车的行为,其功能描述可以非常简单:将金属锁锁在车轮上让汽车无法动弹,只有在缴纳罚金后主管部门才会派人将其移除。这个概念的描述足够准确,但它遗漏了一个关键因素——麻烦。通过处以高额罚款来遏制违章停车的效果不佳，因为一些司机对缴纳罚金并不在乎。但车轮锁带来的麻烦比罚款的作用更大。车主必须在车旁一直等着，直到车轮锁被拆除。车主的日程安排全被打乱了，无法及时赴约，也不能回家，而且汽车轮胎上锁一个黄色大锁也有点吓人。

因此，我们可以将车轮锁描述为一种利用麻烦来遏制违章停车的方式。这个概念定义更为宽泛。然后，我们可能会想想还有什么具体方法可以将这个概念付诸实践。比如车轮扣，或者用什么东西罩住排气管。在设计方面，我们可以尝试改进现有概念。车轮锁概念的不足在于违章汽车会长时间留在原地，继续阻碍交通。也许将汽车升到空中是个办法，但这要怎么实现呢？

>>> 概念层次

专利律师和代理人非常擅长描述不同层次的概念，因为这是专利申请的关键。看看以下对一个新游戏的描述：

1. 这是一种玩家在棋盘上移动棋子的游戏。
2.（同上但继续补充）棋子覆盖了棋盘上一个或多

个划定好的格子。

3.（同上但继续补充）每个棋子的形状都是不对称的。

4.（同上但继续补充）棋子是L形的。

5.（同上但继续补充）游戏在棋盘上进行，棋盘划分为4×4，共有16个方格。

6.（同上但继续补充）有两个中立棋子占着一个方格，可以由任一玩家移动。

7.（同上但继续补充）正在走的棋子可以放在棋盘上任何未被占据的方格，但不能放在之前停过的方格里，也不能与棋盘上的其他棋子在同一个格子里。

8.（同上但继续补充）一种玩法是一方如果没有任何可以移动棋子的空间即为输。

最终我们得到了对L形棋的描述，是我多年前为一个设计最简单真实游戏的挑战而发明的棋盘游戏。

可以看出，对这个游戏的描述从非常笼统到非常具体，一级级不断细化。从概念的角度来看，第3级和第4级描述是最有用的。之后增加的细节限制了这个概念的使用范围。

瑞典电影委员会有一次来找我做一场创造性思维的

讲座，并讨论如何为电影筹集资金。在练习环节中，我给出了一个激发性想法："Po，一张电影票要 100 美元。"

这个陈述直截了当，但作为一个想法是荒谬的。从那次激发讨论中产生了一个具体的想法，即在观影后，观众可以回到售票处，为那部电影投资 100 美元或更多。从这个特定想法中我们可以继续提取以下概念：

1. 普通影迷投资电影的简单方式。

2. 人们在看完电影之后投资电影的一种方式，与电影开拍前的投资完全不同。

3. 一些前期投资者卖出股份提前获利的一种方式（以此鼓励前期投资）。

4. 一种让影迷口耳相传向他人推荐电影的方式。如果他们投资了，就会更有动力推荐别人观看这部电影。

5. 一种利用影院售票处回收小额投资的方式。

这五个概念中的每一个都可以通过许多不同的想法来实现。在以上 5 个概念中，第 1 个概念最宽泛。

概念设计的一个重点在于指出差异。一个概念的特殊价值通常是通过与现有概念的比较来确定的。在上面的例子中，比较得出一个关键区别在于，投资者可以在电影制作完成后进行投资，可以在看过电影后再来判断这部电影是否会成功。这与前期投资有很大不同。

明确的需求

许多概念设计都始于明确的需求。

"我们需要一些想法来执行这个功能。"

如果某些交易可以通过电话进行，那将会非常方便，比如说可以通过输入信用卡卡号、个人识别码（PIN码）和产品目录号订购商品。在某种程度上，这在今天已经实现了。但要输入的号码可能超过30位，很容易出错。如果用计算机操作，则没有问题。但如果不使用计算机，过程就很烦琐。需要一个简单的设备以输入正确的号码，确认无误之后通过电话发送出去。这就是概念。

在这种情况下，可以设计一个带有键盘和LCD液晶屏幕的手持设备，便于输入和确认数字，这样很容易就可以实现这个概念。然后，设备就通过电话线拨号发送号码。

我们甚至可以设想这样一个商品订购系统，产品和客户都有条形码，用一个简单的扫描设备就可以读取条形码，并通过电话线传输需求。

大多数安保系统都有一个弱点，如果要用到密码，持有密码的人可能会在压力之下将密码告知他人。我们需要一种方法来确保提供密码权限的人在当时没有受到胁迫。这就是对需求的解释，而且似乎是一个相当难以满足的需求。假设我们有一部可以记录警卫的瞳孔直径的小型摄像机，然后将警卫瞳孔直径的平均值和变化范围输入系统。在压力之下，瞳孔直径会发生变化并超出正常范围，密码将会失效，而且瞳孔大小在压力之下无法恢复正常。

>>> 优势基础

银行提供的服务在其他地方也可以获得。在超市可以取现，美国运通公司和许多其他公司都发行信用卡，商店可提供信用额度，通用汽车金融服务公司（今联合汽车金融公司）或福特汽车信用公司可提供贷款，企业可以在市场上筹集资金，或从通用电气金融服务公司借钱。银行需要寻找新的赚钱方式。

银行的优势基础可能不是资金或金融知识,而是人和沟通渠道。银行可以收取一定的费用,为客户办理所有账户的支付手续,这样就可以开展个人财务管理业务;银行可以通过如具有类似保险功能的衍生品平滑客户业务的波动;可以充当客户的担保人,代为批量购买商品;可以选择高价值客户群,为他们提供特别优惠;可以推出联合购买计划,必要的时候充当中间人持有头寸。通过提供批量买卖、选择和渠道服务,银行可以收取永久渠道费用。随着流程变得更加自动化,所有这些业务的成本将继续下降。

新加坡机场和伦敦希思罗机场有一半的收入都来自机场内的商店。如何增加这部分收入呢?这里的优势基础是巨大的机场客流量(希思罗机场每年客流量超过3000万人)。

如何能让人们有更多时间购物?除了航班起飞前的空闲时间,旅客是否可以专门提早到机场购物?也许可以根据航班起飞时间给予特定折扣。比如,如果在出发前两小时购物,可享9折优惠,如果在出发前三小时购物,可享8折优惠。

国际机场有量贩的优势。假设旅客要去气候温暖的地方度假，而由于旅客所在城市对热带地区服装需求不高，因此存货选择很少。但很多其他途经机场的旅客也有同样的需求。因此，销售适合特定目的地的服装是有商机的。旅客通过当地旅行社购买机票之后，行程介绍就会列出适合目的地的着装和物品，可通过电话预订，出发前到机场领取。

机场购物有一个抑制因素，即来回随身携带大件物品非常不便。可以考虑提供寄存服务，返程提取。或者可以先选好商品，付款之后通过快递交付。事实上，机场可以提供包含可供选择商品照片的邮购目录。航空公司还可以直接为其乘客争取折扣，或将折扣作为飞行常客奖励计划的一部分。

机场可以通过多种方式利用他们的优势开展超竞争。

》》概念提取

任何一个想法背后都有概念。这个概念可能是专门设计出来的，或可能刚刚浮现，还有一种可能是从一个想法中提取出利用该想法的人没有注意到的概念。

概念提取适用于已经在利用的想法或发挥创造力的

过程本身。

从快餐业务中可以提取出以下几个概念：

1. 便宜，价格有竞争力。
2. 良好的卫生条件和服务。
3. 快捷方便。
4. 有可预见的选择。
5. 年轻人的聚会场所。
6. 批量采购标准化原材料。

概念 3、4 和 5 组合在一起可以形成"贵价快餐"的概念，比如生蚝吧和海鲜吧。顾客知道在这些地方能吃到什么。这种餐厅服务速度快，标准高，吃一餐通常并不便宜。

游客经常会抱怨法国咖啡馆的咖啡卖得很贵，而在美国却可以无限续杯。当然，法国咖啡馆的价格还包含了时间费用，游客可以买一杯咖啡坐几个小时。经营一间咖啡馆费用不少，而且商业地产租金非常高昂。在这种情况下，一种想法是可以按时间收费。在每张桌子上摆放一个计时器，在此消费必须给计时器投币，否则它就会发出响亮而令人尴尬的长啸,但咖啡的定价就可以降低了。这是一个完全可行的想法,从中可以提取出多个概念。

1. 收费不是按消费内容,而是按消费的时长和占据的空间。也可以单独列出每张桌子的收费标准,一天中不同时段收费标准不同。
2. 顾客可以预估他们愿意花多少钱,可以控制成本。
3. 餐厅有按时间收费的标准。
4. 餐厅可以让顾客预付消费金额。也许可以收取固定的入场费,并在离开时根据停留时间长短退还余额。
5. 费用的内容和标准有明确说明。
6. 有收取"逗留"费的概念。

一个更实际的想法是有些桌上放计时器,有些不放。这将确保那些真正需要短暂休息一下或喝杯咖啡的人有地方可坐。这个概念甚至可以发展为一个有吸引力的环境,顾客可以自带食物和酒水,按使用桌椅的时间收取使用桌椅的费用。

最后一个概念可以进一步再发展下去,客户可以不用金钱而用他们的注意力来结账。在桌子的表面可以安装播放各种产品或服务的广告视频的屏幕。使用桌椅的费用由广告主来支付。

如图 13.1 所示，在发挥创造力的过程中，要在想法和概念之间反复琢磨。出于这个原因，通常有必要投入精力将一个概念转化为实际应用的例子，因为由此可能会产生另一个概念。

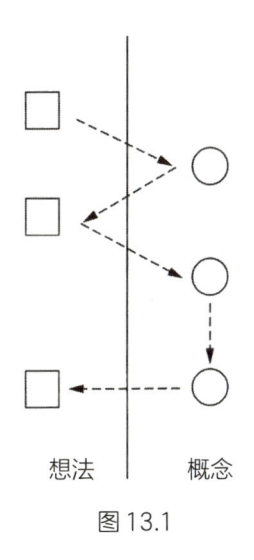

想法　　概念

图 13.1

▶▶ 超竞争

假设你拍了一部新电影，如何能获得超竞争优势呢？可以在电影中植入某些产品，联合该产品的生产商一起为电影打广告。介绍儿童玩具的电视节目就是一个很好的例子。

你可以为电影设置一个电话专线，拨通后会自动播放电影简介以及上映信息。当然，其他人可能也会喜欢这个主意，你可以为其他电影也提供这一服务。通过这种方式，你可以控制市场并确保你的电影简介保持在列表首位（美国航空公司的Sabre预订系统就是这样）。

保险公司很容易受到超竞争的影响。一旦保险公司壮大到可以满足大部分市场需求，后来者就会出现，在细分市场里提供更优惠的条款。农民健康险就是这样开始的，新成立的保险公司只针对农民开展业务。以这种方式瞄准市场总是可以建立起超竞争优势。

如果牙膏可以从各方面保护牙齿和牙龈，可能就会有生产商推出一种专门亮白的新牙膏。这个特定功效现在非常有市场。对于一个产品而言，市场需求总是会在功能全面和特定功能之间不断摇摆。

≫ 改进概念

如果你设计的概念有明显缺陷，你会怎么做？是否会马上努力消除缺陷和薄弱环节？大多数设计过程都是如此。然而对概念设计而言，一般来说，与其试图弥补不足，最好还是再次尝试开发一个平行的概念。

假设《华尔街日报》(*The Wall Street Journal*)想要每天做一期有声报纸。第一个想法是在多个地点设立录音设备，读者可将自己的空白磁带放入其中，在比较短的时间内就能复制不久前传过来存在设备上的音频内容。这个想法有一个明显的问题，那就是此操作比较费时间，在新闻需求早高峰时段，这尤其成问题。一个平行的概念是将录好的磁带运到报摊，由他们出售磁带。这里的问题是磁带定价会较高，不过这个问题也许这可以通过以旧换新的服务来解决（用之前的磁带换新录好的磁带）。

也许最简单的方法是设计一个专用无线电设备，在夜间接收到传输信号后会自动启动并录制新闻广播音频。这很简单，可能连无线电录音机都可以一起卖。但要如何获得持续的收入呢？和普通报纸一样打广告？也许用户可以每个月购买一张特殊的解码卡，插入录音机中解码信号。

如果持续收入的概念明确了，就可以在夜间向任何无线电录音设备广播传输新闻音频。可以用一个简单的定时设备在指定时间打开和关闭接收器，这将是最简单的设计了。

现在可以开始寻找广告以外的收入来源了，尽管广告本身可能就足够了。也许广播消息可以在任何录音设备上接收，但只能在按年租用的特殊"解码播放器"上播放。不过毫无疑问，还有比这更好的收入概念。

这个例子展示了平行概念法的优势，不要想到一个概念后发现不足就尝试去弥补。我们必须考虑替代方案，而不是反复修改一个概念。

第 14 章
概念研发

我专门用概念研发这个词来对应技术研发一词。美国化学工业每年在技术研发方面的投入为170亿美元，制药工业为82亿美元。之所以投资技术研发，是因为企业知道在这方面不大笔投入就会被淘汰。

我认为，在未来概念研发将与技术研发一样重要，甚至可以说概念研发将更为重要。技术可以通过照搬或许可获得，但自己也需要有概念才能更好地应用。即使你采用跟风策略，只等着别人提出概念，然后应用相同的概念，你也需要有些概念才能成功地跟上别人的步伐。

正如我之前所提到的，技术正在迅速成为一种商品。如今真正重要的是应用概念，在产品领域如此，在服务领域也一直如此，因为服务直接与价值的概念和组织交付价值的概念相关。

我们需要开始认识到对商业来说，概念与财务、原材料、劳动力和能源一样重要。任何企业本质上来说都不过是一个概念，这一点大家都明白，有必要把对概念的重要性的认识明确表达出来。

好的概念就像好的创意一样天天都会有。有时，概念来自组织中决策层的人。有时，公司的战略团队会承担开发概念的任务。有时，广告公司会在产品概念方面提供帮助，并且会针对特定新产品提供咨询。有时，概念转变靠的是照搬别人的概念。

成立专门的概念研发团队是为了更加认真地对待概念开发。概念研发小组的职责不仅包括开发重要的战略概念及发展超竞争优势，还包括开发生产概念、沟通概念和组织内其他各个方面的概念。概念能帮我们组织信息和行动。我们一直在用概念，有时我们以为没有在用，但那只是意味着我们在延续传统的老旧概念，只不过通常没有意识到那些概念既传统又老旧而已。

虽然公司战略团队的工作主要是概念性的，但这并不意味着它也做或可以做概念研发团队的工作。公司战略团队的工作是研究面前的选择和外部情况，在此基础上，列出几个可行选项，选其中之一作为公司战略。公司战略的目的始终是减少选项，确定行动方向。这也是公司战略应该发挥的作用，即关注行动。

然而，概念研发具有生成或扩展功能，这与公司战略减少选项的作用截然不同。技术研发会开辟可以纳入公司战略的可能性，概念研发也应该如此。概念研发关注的是可能性，而公司战略必须做出最合适的选择。这两个团队的职能有协同作用。

让公司战略团队去做概念研发会破坏它的效力。制定公司战略需要大量运用黑色和白色思考帽，概念研发则需要绿色和黄色思考帽。

营销和技术研发或特定的新产品开发小组确实会不时提出概念，但这些小组的重点和专业知识并不是概念研发本身，有了研发成果后它们会四处寻找市场，这与概念研发小组生成概念后四处寻找实施概念的方法是有区别的。技术发展确实可以开辟新的概念领域，但最好的变化最终都是由概念而不是技术带来的。在任何情况下，概念研发团队都应该在人员和思想上与营销、技术研发和产品开发无障碍地交流。

概念研发团队应具备四个主要职能：

1. 概览。
2. 生成。

3. 开发。

4. 测试。

概览

概念研发团队的主要任务之一是提取、区分和定义现有和过去的概念。

传统概念

在整个行业中有哪些传统概念？行业本质是什么？例如，银行业的基本概念是将存款人的资金引导给借款人，这个说法是不正确的，因为银行承担了风险。收取渠道费引导资金更多是投行的功能。

现有概念

组织中现有哪些概念？与传统的行业概念有何不同？有哪些要有意识改变的地方？通过顺其自然或渐进式变革发生了多少改变？是否每个人都知道并认同这些概念？

历史概念

组织中是否有历史上曾经用过但现在不再使用的概念？整个组织或个别部门都可能有。条件发生变化后，有时可能值得去复兴一些传统概念。例如，计算机通信和激光剪裁的发展让手工定制西装的概念再次变得可行。

垂死的概念

在整个行业或你自己的组织中，哪些概念正在消亡？有时人们知道一个概念正在消亡（或认为可能会消亡），但无能为力。也许在市中心设立大型零售店的概念正在消亡。也许报纸的概念正在消亡，因为电视新闻更新得更快。

新兴概念

在整个行业或自己的组织中有哪些概念开始出现？灵活性的概念开始到处涌现。共享基础研究的概念与时俱进。

竞争对手的概念

竞争对手开始使用哪些新概念？是有意选择这么做，

还是顺其自然的结果？这些概念的优势是什么、局限性是什么？值得采用这些概念吗？可以做哪些修正或改进？有多大超竞争优势？

间接竞争者的概念

高档钢笔开始与高档手表竞相成为男士佩戴珠宝的方式。礼品区有不同的产品在互相竞争。瓶装水成为啤酒和葡萄酒的竞争对手。（竞争对手不一定直接同属一个领域。）在这些准竞争领域中出现了哪些新概念？

其他行业

有必要拓宽眼界，有些行业从任何意义上说都算不上竞争对手，但也要了解它们正在应用哪些新概念。有时，某些行业受环境所迫，推进新概念的速度比其他行业更快，很值得了解其具体情况，可能存在与供应商加强合作的概念，也可能会发现离岸研究或离岸数据处理的概念。一家计算机公司可能会让在班加罗尔的印度人通过卫星连线或在线完成软件开发。20世纪90年代初，一家汽车消费者杂志对英国市场上1万英镑价位的250个车型做了评比，结果Proton Saga位列榜首，而该车为马来西亚制造，这个国家可算不上传统的汽车工业强国。

概览的目的是让人们对现状有一个敏锐的认识，还可以列出已经在其他地方应用的新概念。概览可以将人们的注意力集中在正在消亡的概念和正在出现的概念上。可通过概览试图生成一个"观察列表"，就像保护组织为濒危物种制定的观察名单一样。

生成

概念研发团队的下一个任务是生成新概念。

新概念的产生可能有三种方式：

1. 明确具体需求领域。
2. 感知所需变化和发展。
3. 重新审视现有概念。

明确需求领域

概念研发团队的一个具体任务是列出瓶颈、问题、高成本领域或竞争劣势等有概念需求的特定领域。

从不同部门收集这些领域的目标，它们可能是生产、人员、沟通和其他方面的概念需求。从某种意义上说，这样就形成了创造力列表，最终可以清楚地知道哪些地方迫切需要概念。

变化和发展

外部世界可能在发生变化，比如石油价格突然上涨、政府缩减医疗支出或出台新的环境法案。组织内部也可能在发生变化，例如研发部门实现了新的技术进步，或某个领域成本突然上升。

这些变化为新概念的发展提供了聚焦领域。需要哪些防御性概念？有哪些可以利用变化的机会概念？可能还有流程上的概念：如何利用新的技术进步？

重新审视

不时重新审视现有概念或领域非常重要，这不一定是因为这些领域有问题或成本过高，就只是了解现状。没有问题的领域往往有很大的变革潜力，因为它们不是问题，所以可能很长一段时间都没有被仔细研究过。

概念研发团队必须始终投入部分精力重新审视现有

概念，可以把这叫作"概念检查"或"概念重估"。即使是最基础和最成功的概念也需要重新审视。

一旦以上述方式确定了重点领域，就需要开始生成新的概念。

可以通过借用并修改现有概念来设计新概念。

也可以通过利用信息和分析来设计新概念，然后进行建设性思考和讨论。可以直接借鉴一般的设计过程。

最后，可以通过严肃的创造力设计新概念。

需要对概念设计的技能和习惯进行培训。随着经验不断积累，技能会逐渐加强，直到概念性工作变成一种本能，可以在适当的时候使用水平思考工具等各种工具，就像木匠在不同工序中按需使用不同的工具一样。

在概念生成过程中，要记住我们不是在解决问题。在解决问题时，我们想到的第一个解决方案马上就可以用。而在概念生成过程中，我们永远不会对第一个概念感到满意，无论它看起来有多好。正如我在讲概念设计时所建议的那样，先把第一个概念放在一边，然后继续开发平行概念。重点不是努力修改新概念让它能更好地得以应用，而是发展多个平行概念，选出最好的一个。

概念生成工作可以由概念研发团队完成，也可以在不同部门开展；可以由个人在任何地方进行，也可以在专门为特定概念而设立的特别工作组内进行。所有这些潜在的活动都由概念研发团队组织、监督和评估。然而，这里不是说所有的创造性工作都必须由这个团队完成。概念研发团队有责任确保概念研发工作的顺利进行，但具体工作可以通过多种方式进行，包括聘请外部顾问。

>>> 开发

概念研发团队的另一个关键任务是开发概念。

要开发的概念可能是概念研发团队自己生成的，也可能来自组织内的其他部门。

概念研发团队的职责是关注并推动新概念的开发，可以通过建立人员联系、提供信息、资源和技术帮助以及以任何其他必要的方式来完成。可以鼓励提出概念的人自己继续推进这个概念，也可以将概念交给研发团队，让概念提出者参与研发团队对这一概念的开发。

团队成员应小心避免"NIH"综合征，即对任何并非源自本团队的新想法不屑一顾。

等到概念已得到充分开发，便可移交给技术研发或营销等其他部门。概念研发团队应仍继续参与后续工作，以掌握情况并记录概念应用的进展。如果这个概念没能成功，需要分析原因，概念的凋亡不应无人过问。

开发概念的技能不同于生成概念的技能，因为在开发阶段概念是从可能向实际应用稳步过渡。这个阶段必须考虑有哪些实际限制，要更多地关注危险和问题，有必要明确说明这个概念能带来哪些好处，并将其最大化。攻坚克难的过程仍需要创造性思维，但方向已定，需要朝着既定方向扎实推进。

与概念是否新颖相比，这个概念能带来什么好处更为重要。前者是对概念提出者很重要，对概念使用者而言重要的是后者。

〉〉 测试

测试概念的方式在很大程度上在概念设计中已有考虑，而不是先设计好概念，然后想测试的问题。概念设计本身就应包含要测试的可能。未经实施的概念是一种浪费。如果概念无法测试，就不可能被实施。所以设计概念不仅要考虑最终的应用，还要考虑最初的测试。能在初步测试中展示出优点的概念比不能展示出优点的概念更可能被应用。

有些概念事后看来合情合理，合乎逻辑，人们希望马上就加以应用。以一个节省成本的概念为例：只需在火柴盒的一侧加摩擦面，无须两侧都加。

有些概念不需要金钱投资，但需要"不怕麻烦"，需要人们为了尝试新概念而中断正在做的事情。人的态度可以导致不同的测试结果。如著名的霍桑效应[①]实验一样，我们发现如果尝试新概念的人一腔热情，当时的结果可能会比以后应用的结果更好。如果尝试的人不情不愿，可能会因缺乏热情而导致这个概念测试结果不佳，这个概念可能会直接被否掉。

有些概念最终效果很好，但第一次测试时不怎么样。饮料公司知道，在新饮料试饮的时候，试饮者总是更喜欢甜度更高的饮料，而这种饮料往往之后在市场上不会

---

① 霍桑效应，又称霍索恩效应，是心理学上的一种实验者效应，是指当被观察者知道自己成为被观察对象而改变行为倾向的反应。——译者注

成功。因此，如果一个概念的好处可能很大，那么延长测试期就很重要。

测试的设计要考虑地点、人员和测量方法。是要衡量能节省多少时间、金钱、材料、能源还是其他什么？如何衡量工作的轻松程度？

很多时候，概念测试需要在技术研发部门或营销部门等概念研发团队以外的地方进行。即使这个概念现在已经转交给另一个部门，概念研发团队仍应密切关注进展。如果概念未能产生预期的效益，那么应由概念研发团队出具完整的报告。

测试程序或场景设计本身可能就需要大量的创造性思维。

即使一个概念通过了测试，并表明它既可行又有益，也并不意味着一定会得到应用。可能还有其他更好的概念。做出改变的成本和风险可能会大于概念能带来的好处，或者概念可能不符合公司战略。是否实施一个概念的最终决定权不在概念研发团队手中。

在涉及战略问题时，应由企业战略团队考虑概念研发团队提出的概念。在涉及生产等内部事务时，将由相关部门决定是否应用这个概念。在所有情况下，概念发展的进程都应由概念研发团队跟进并记录。

》 架构

应不惜一切代价避免概念研发团队出现排他倾向，认为在组织内部除了他们自己任何人都不应该去构想新想法，否则结果将是灾难性的。概念研发团队负责在整个组织内聚焦注意力和资源，并对概念思维加以补充，而不是替代其他部门在这些方面的功能。

概念研发团队的规模和架构自然会随着组织规模的变化而变。

简而言之，概念研发的工作要交给一个指定负责概念开发的人，然后由这个负责人组建概念研发团队。团队会定期开会，履行概念研发的职能。在一个小型组织中，团队成员也同时承担着其他职责。

在大型组织中，应有一个正式的概念研发团队。专门成立一个部门有其益处，因为如果这个团队是非正式的，它只会在成员手头没有（短期）看起来更紧迫的工作时才能起作用。我认为概念研发非常重要，值得成立专门的团队予以关注。如果概念可以由价值500万美元的计算机开发，许多组织都会争相购买这台计算机。

概念研发团队会有一些全职的核心成员，他们将在处理概念方面发展出很强的个人技能，有些人还能发展出培训的技能。其余成员由营销、研究、生产、人力资源等其他部门轮岗的人员组成，直接与概念研发团队合作，在概念研发团队工作的时间长短取决于组织的规模大小以及轮岗时间长短。他们会将自己部门的需求和经验带入团队，与其他部门和团队的同事一起研发概念。最终他们会带着在运用概念方面积累的经验回到自己的本职岗位，也许还会带回一些需要进一步考虑的新概念。随着时间的推移，这些人会在自己的部门内成立概念研发小组。

不要指望其他部门到概念研发团队工作的同事都能认识到概念的重要性。起初，他们中许多人可能会感到尴尬，甚至可能会觉得这是浪费时间。但就像学骑自行车一样，尴尬的感觉会逐渐消失，技能会得到发展。提升技能和转变态度本身就是概念研发团队职能的重要组成部分。

除团队核心及其他轮岗成员外，概念研发团队还可以有其他半全职成员。这些人在概念研发方面表现出了特别的才能和兴趣，可以随叫随到，参加团队的重要讨论，并参加为开发所需概念而专门成立的工作小组。他们中很多人还可能参与营销、企业战略、产品开发和技术研发，但在与概念研发团队合作时，他们需要更换头衔，而不是简单地以其他部门成员的身份参与。

所以概念研发团队的组织既严谨又松散。说它严谨是因为它有明确的实体、作用和具体的职责。但从某种意义上说它的组织又是松散的，因为成员归属没有硬性规定。

》》 人员构成

概念研发团队的成员应该是哪些人？

一定要有高管的参与，否则这个团队在组织内会被当作附属部门，没有地位。理想情况下，尽管概念研发团队人数可能更少，但应与技术研发或营销部门受到同样的重视。要认真对待概念，首先就要认真对待概念团队。

团队的核心成员必须精力充沛，善于组织和沟通。该团队最初的工作重点首先是明确自己的职能，与其他部门展开交流，避免产生怨气。团队的很多工作都会涉及沟通和联络，所以人员构成非常重要。有些人极富创造力，但喜欢单打独斗，不擅长与人相处，团队里这样的人再多也没用。

尽管创意对概念研发团队非常重要，但必须记住，该团队的大部分工作并不依赖于创意。有些创造力强的人喜欢对他人的想法品头论足，可能会因此打击其他人参与的积极性，这也是个问题。

对概念研发团队成员来说更重要的是要具有建设性和积极的态度。创造力技巧可以学，也要会鼓励他人发挥创造力。

概念研发工作需要时间来熟悉。有些人比其他人上手更快，核心团队成员应是熟悉概念工作的人。

我要再次强调，概念研发团队并不是一个专设的创意小组或新理念小组。可能有一些概念年头已久且为人熟知，不再需要创造性的开发就可成为适合利用的概念。创造力只是概念研发所需要的工具之一。

我们看重技术研发是因为它涉及科学家、实验室和各种设备，而概念研发只需要人脑，只是有时会用到计算机辅助，但这并不意味着概念研发就没那么重要。在大型组织中，我希望看到的情况是至少有 5% 的技术研发预算用于概念研发。在其他组织中,这个费用将来自营销预算。

通常,只有在有支持概念研发的团队时概念才能发挥作用。未来每个企业都必须认真关注概念,都需要像概念研发团队这样的部门认真关注概念。

第 15 章
总结

本书有六个要点。每个要点都像一座城镇，城镇边上是郊区，外围是乡村。记住要点就足够了，记住了要点就能想到其他的次级内容。

>>> 要点 1：日常管理

如今许多商业思维都与日常管理有关。解决问题、控制成本、管理质量、关爱员工……，这些重要的事情都必须做。虽然这些事情都是必要的，但不充分，就像做汤需要水，但汤里不能只有水。要想一想有了高效的商务机器之后该做些什么？

>>> 要点 2：超竞争

竞争是生存所必需的，是日常管理和建立基线的一部分。我们需要超越竞争（共同追求），进入超竞争（竞争之上的追求）。有必要创造价值垄断，这将是未来成功的基础。超竞争是一种心态，一种策略，是概念设计的问题。

要点 3：综合价值

商业已经从产品价值阶段过渡到竞争价值阶段，接下来是综合价值阶段。企业提供的价值如何融入买家或消费者复杂的生活价值中呢？这些在未来非常重要的价值也是超竞争的基础。

要点 4：严肃的创造力

我们现在知道，人类感知等自组织信息系统都绝对需要数学式的创造力。打破束缚和头脑风暴等鼓励创造力的方法效果不明显，我们需要设计能够被有意识利用的特定创造性思维技巧，需要理解和说明创造力并展开实践（墨守成规的人也可以）。

要点 5：概念的重要性

技术已成为一种商品，真正重要的是应用概念。概念与财务、原材料、劳动力和能源一样重要。仅仅依靠跟风模仿或碰运气式地利用创造性智慧是不够的。我们确实需要非常认真地对待概念。概念是超竞争的基础。

要点 6：概念研发

为了认真对待概念，公司需要成立正式的概念研发部门，它应该和技术研发或营销部门同等重要。传统的公司战略无法充分发挥概念研发的功能。

如果在阅读这本书时，你得出的结论是这些你早就知道了，那么就当作本书是对你的观点的背书。但要小心产生自满情绪，陷入"和……一样"的陷阱。

不过如果在读完这本书之后，你仍然觉得企业有高效的日常管理就足够了，那么我认为未来会证明你的看法是错误的。

德博诺（中国）课程介绍

六顶思考帽®：从辩论是什么，到设计可能成为什么

帮助您所在的团队协同思考，充分提高参与度，改善沟通；最大程度聚集集体的智慧，全面系统地思考，提供工作效率。

水平思考™：如果机会不来敲门，那就创建一扇门

为您及您所在的团队提供一套系统的创造性思考方法，提高问题解决能力和激发创意。突破、创新，使每个人更具有创造力。

感知的力量™：所见即所得

高效思考的10个工具，让您随处可以使用。帮助您判断和分析问题，提高做计划、设计和决定的效率。

简化™：大道至简

教您运用创造性思考工具，在不增加成本的情况下改进、简化事务的操作，缩减成本和提高效率。

创造力™：创造新价值

帮助期待变革的组织或企业在创新层面培养创造力，在执行层面相互尊重，高质高效地执行计划，提升价值。

会议聚焦引导™：与其分析过去，不如设计未来

帮助团队转换思考焦点，清晰定义问题，快速拓展思维，实现智慧叠加，创新与突破，并提供解决问题的具体方案和备选方案。